Christel Hübsch

UNTERWEGS AUF DEM WEG DER STERNE

Meine Erlebnisse auf dem Jakobsweg

Bibliografische Information der Deutschen Nationalbibliothek:
Die Deutsche Nationalbibliothek verzeichnet diese Publikation in der
Deutschen Nationalbibliografie; detaillierte bibliografische Daten sind im
Internet über http://dnb.dnb.de abrufbar.

© 2019 Christel Hübsch

Herstellung und Verlag:
BoD – Books on Demand, Norderstedt

ISBN   978-3-7504-1789-2

Ich widme dieses Buch meinen beiden Söhnen.

Jörg,
der mich auf diesem Weg begleitete und mir immer wieder
Mut machte, wenn ich einmal aufgeben wollte,

und

Carsten,
der an mich glaubte.

Eine Reise von tausend Meilen
beginnt mit dem ersten Schritt.

Chinesisches Sprichwort

Vorwort

Ich dachte nie daran, dass ich einmal den Jakobsweg gehen würde, aber manchmal kommt es anders als man denkt.

2004 erlitt ich einen schweren Schicksalsschlag. Mir ging es damals sehr schlecht. Ich zog mich immer mehr von meiner Umwelt zurück und brach den Kontakt zu meinen Freunden ab. Selbst meine sportlichen und kreativen Aktivitäten waren für mich kein Thema mehr. Ich erkannte mich nicht mehr wieder.

Meine Söhne Jörg und Carsten machten sich große Sorgen um mich. Da kam Jörg auf eine Idee. Er sagte zu mir:

„Mutti, wir werden gemeinsam den Jakobsweg laufen! Lass´ uns dieses Abenteuer erleben und du wirst sehen, dass du als die Frau zurückkehren wirst, die du einmal warst!"

Mit diesem optimistischen Gedanken begann meine Reise auf dem international bekannten Jakobsweg, dem sogenannten „Weg der Sterne".

Als ich meinen Freunden meinen Plan mitteilte, erklärten sie mich für verrückt und meinten: „Christel! Das schaffst du doch nicht!"

Doch Jörgs Idee hatte mich schon zutiefst berührt und somit begann ich mich intensiv auf diesen Weg vorzubereiten.

Ein Jahr lang lief ich fast täglich 12 km im Wald. Am Anfang befanden sich immer zwei hartnäckige Begleiter an meiner Seite, der Muskelkater und mein innerer Schweinehund. Den Ersten konnte ich schnell überreden aufzugeben. Der Zweite blieb etwas länger, verlor aber immer mehr an Macht, und so begann mir das Laufen immer mehr Spaß zu machen. Auf einmal hörte ich wieder die Vögel zwitschern, sah die gelben, weißen und blauen Blumen am Rande des Weges stehen, bemerkte das zarte Grün der Blätter und das sanft gleißende Sonnenlicht, und in mir verstärkte sich der aufregende Gedanke:

`Bald bin ich so weit, den langen Weg zu gehen!´

Trotzdem schwirrten mir noch viele Zweifel durch den Kopf. Werde ich, trotz meiner intensiven Vorbereitung, die ca.1000 km schaffen? Werde ich in Herbergen, die mit manchmal bis zu 100 Betten belegt sind, überhaupt übernachten können? Wie werde ich mich mit meinen wenigen Englischkenntnissen verständigen können? Und werde ich mich auf diesem langen Weg auch mit meinem Sohn vertragen?

Mein Bauchgefühl sagte mir:

`Mach´ dir keine Sorgen! Du wirst es schaffen!´ Und das bedeutete, nicht unvorbereitet zu sein.

Also besorgte ich mir den Reiseführer über den „Camino Frances" und forderte bei der Deutschen St.-Jakobus-Gesellschaft e.V. in Aachen meinen „Credencial del peregrino", meinen Pilgerpass, an. Des weiteren besprach ich mit Jörg alle wichtigen Dinge wie die Größe und das Gewicht des Gepäcks, einen günstigen Termin für den Flug, und plötzlich stand der Tag des Aufbruchs erwartungsvoll vor meiner Tür. Meine Reise konnte beginnen.

1. Tag

Berlin - Saint–Jean–Pied–de–Port

Unsere Reise beginnt am Flughafen Berlin-Tegel. Obwohl ich schon viele Urlaubsreisen in verschiedenste Länder unternommen habe, ist diese Reise etwas ganz besonderes für mich.
Ich bin aufgeregt und gespannt. Das Flugzeug nach London startet pünktlich. Meine Aufregung legt sich, als das Flugzeug die entsprechende Höhe erreicht hat. Ich schaue aus dem kleinen Fenster und mir fällt eine Liedzeile von Reinhard Mey ein:
„Über den Wolken muss die Freiheit wohl grenzenlos sein . . . "
Genau so fühle ich mich, glücklich und frei.
Von London aus fliegen wir nach Biarritz. Dort angekommen, steigen wir in die Bahn und fahren nach Saint-Jean-Pied-de-Port, einem mittelalterlichen kleinen Städtchen am Fuße der französischen Pyrenäen.
Im überfüllten Abteil schwirren mir französische, deutsche, italienische und spanische Wortfetzen um die Ohren. In den Gängen und auf den Ablagen tummeln sich rote, schwarze, braune und grüne Rucksäcke. Meiner ist übrigens braun und ich habe eine große Jakobsmuschel, für jeden sichtbar, an ihm angebracht. Jetzt bin ich auch eine Pilgerin und ein stolzes Gefühl macht sich in mir breit.
In Saint-Jean-Pied-de-Port begegnen wir auf dem Weg zum Pilgerbüro vielen Neuankömmlingen, die, genau so wie wir, den ersten Stempel für ihren Pilgerpass empfangen wollen. Ich bin nervös und reihe mich in die lange Schlange der Wartenden ein. Jörg steht hinter mir. Als ich an der Reihe bin, fragt mich ein älterer Herr:
"What´s your name? What´s your profession?"
Wie ich heiße, weiß ich ja noch, aber vor lauter Aufregung ist bei mir das englische Wort für „Lehrer" wie weggeblasen. Mein Herz klopft und ich bemühe mich, ruhig zu bleiben und meinen kleinen englischen Wortschatz in Erinnerung zu bringen. Na klar! Wie konnte ich das nur vergessen?
Laut und deutlich, und voller Stolz antworte ich:
„Teacher!"
Der ältere Herr lächelt mich an und drückt seinen Stempel in meinen Pilgerpass. Bei meinem Sohn geht das alles viel schneller, er beherrscht die englische Sprache.
Dann vermittelt uns der nette Herr die Herberge „Sous un Chemin d`Etoiles", ein einfaches Haus mit 22 Betten, direkt am Jakobsweg gelegen. Wir checken ein. Ich bin heilfroh, endlich meinen Rucksack ablegen zu können.

Da es noch hell ist und ich mich nach einem starken Kaffee sehne, und Jörg nach einem kühlen Bier, suchen wir ein kleines Bistro auf. Ein bisschen spanisch habe ich ja gelernt: Buenos dias! Buenas tardes! Buenas noches! Hasta luego! Muy bien! Obwohl wir noch in Frankreich sind, versuche ich es trotzdem auf Spanisch. Ich bestelle „Uno cafè con leche!" und für Jörg „Uno cerveza!"

Und siehe da, es hat geklappt. Mein Herz macht einen Luftsprung, ich bedanke mich bei dem Kellner mit einem herzlichen „Gracias!"

Den ersten Schluck aus dem „Schälchen Heeßen" genieße ich sehr, er weckt meine Lebensgeister. Ich komme aus Sachsen und da trinkt man viel Kaffee. Umsonst spricht man ja nicht von den „Kaffeesachsen". Auch ich kann auf dieses köstliche Getränk nicht verzichten.

Anschließend machen wir noch einen Bummel durch das hübsche idyllische Städtchen mit seinen winkligen Gassen und den mit bunten Blumen geschmückten Häusern. Es erinnert mich an die Altstadt von Pirna, meine Heimatstadt. Ich denke an meine Freunde, die bestimmt in Gedanken bei mir sind und sicher immer noch denken: `Die Frau ist verrückt!´

Hier also, in Saint-Jean-Pied-de-Port, beginnt meine Reise nach Santiago de Compostela und noch weiter bis ans Ende der Welt, an das Kap Finisterre.

Buen camino!

2. Tag

Saint–Jean–Pied–de–Port - Roncesvalles

Nachdem ich uns heute Morgen in der kleinen Küche der Herberge einen starken Kaffee aufgebrüht und wir noch ein paar Kekse gegessen haben, verlassen wir kurz nach acht Uhr die erste Unterkunft. Wir besorgen uns noch ein wenig Verpflegung: Schokocroissants, eine Tafel bittere Schokolade als Nervennahrung und reichlich Wasser. Als ich meinen Rucksack aufsetze, kommt automatisch ein lautes „Uff!" aus meinem Mund. Mit der vollen Wasserflasche schleppe ich mindestens ein Kilo mehr. Meine Schultern tun jetzt schon weh und ich bin noch keinen Schritt gelaufen. Da der Himmel aber strahlend blau ist und die Sonne mir zulacht, bin ich sehr zuversichtlich.

Wir, Jörg und ich, betreten froh gelaunt den offiziellen Pilgerweg, der auch die Milchstraße genannt wird, weil sich im 14. Jahrhundert die Pilger nach dieser Galaxis orientierten. In den nächsten 8 Wochen werden wir durch 4 Regionen kommen: Navarra, La Rioja, Kastilien und Galicien.

Erst einmal müssen wir einige Kilometer immer steil bergauf laufen. Ich fange an zu schnaufen und zu schwitzen. Mein Rucksack wird immer schwerer und ich bin schon drauf und dran, eine Pause einzulegen, aber auf halber Strecke schon pausieren? Nein, das fällt mir ja im Traum nicht ein. Ich setze mein blaues Wanderhütchen auf und denke: `Jetzt siehst du bestimmt ganz schön bescheuert aus!´ Aber egal, ich mache ja keinen Schönheitslauf, ich bin unterwegs im Zeichen der Muschel und mein blaues Wanderhütchen mit dem Zeichen des Weges und mein Credencial del Peregrino gehören einfach zu mir.

Mein T-Shirt ist quatschnass und mein Mund wie ausgetrocknet, also Trinkflasche ziehen. Dabei verrenke ich mir fast den Arm und benötige Jörgs Hilfe. Ich nehme einen kräftigen Schluck und schon geht es mir besser. Ich will die Flasche wieder zurückstecken, aber auch das funktioniert ohne Hilfe nicht. Im Laufe der Zeit werde ich die Technik des Ziehens und Zurücksteckens der Trinkflasche ohne Hilfe erlernen, wie vieles auf diesem langen Weg.

Auf der Anhöhe von Orisson erblicke ich eine Raststätte und meine Füße werden auf einmal schneller. Die erste Hürde auf dem Weg über die Pyrenäen ist geschafft. Jetzt ist eine Pause angesagt.

Meine Schultern flüstern mir zu: `Befreie uns von deinem Rucksack!´ Also runter mit dem „Braunen". Ich ruhe mich aus, labe mich an dem erfrischenden Nass aus meiner Wasserflasche, nasche ein Stückchen Scho-

11

kolade und genieße die fantastische Aussicht auf die Berge. Ein bisschen erinnert sie mich an die „Sächsische Schweiz" in meinem Heimatland.
Nach einer halben Stunde rüsten wir uns zum Weitergehen. Ich fülle am Brunnen noch meine Wasserflasche auf, buckele mit einem lauten „Uff" den Rucksack wieder auf und der Marsch über die Pyrenäen beginnt.

Erst einmal geht es weiter bergauf. Rechts und links an den Bergwegen entdecke ich seltene Pflanzen. Die Bäume tragen ein zartes Grün, der Himmel zeigt sich strahlend blau, nur ab und zu ziehen ein paar Schäf-chenwolken vorbei. Auf einer grünen Wiese, gegenüber einer Marienfigur, an der Pilger kleine Andenken hinterlassen haben, machen wir eine weite-re kleine Pause und stärken uns.
Wie vom Blitz getroffen, durchfährt mich plötzlich ein wahnsinniger Schmerz in meiner rechten Wade, ein Krampf. Auch das noch! Ich hüpfe wie ein Känguru von einem Bein auf das andere, aber nichts tut sich. Erst nach geraumer Zeit lässt der Schmerz endlich nach. Mein inneres Ich flüs-tert mir zu:
`Mädel, schlucke doch die Magnesium-Tabletten, die du mitschleppst!´
Jörg schaut mich ganz mitleidig an und fragt:
"Geht´s wieder?"
Ich strecke und biege ganz vorsichtig meine Gelenke und antworte:

„Ja, es kann weitergehen!"". Ich schnalle den Rucksack wieder auf meine gebeutelten Schultern und gehe vorsichtig los.

Nach weiteren kleinen Aufstiegen, die Luft wird etwas dünner hier oben, erreichen wir den auf 1340 m erbauten und sehr berühmten Rolandsbrunnen. Inzwischen ist es noch wärmer geworden. Alles in mir schreit nach einer Abkühlung. Ich drehe den goldenen Wasserhahn am Rolandsbrunnen auf und lasse das frische Nass in meinen ausgetrockneten Mund laufen. Oh, welch ein Genuss! Jörg schüttet sich gleich mal ein paar Hände voll Wasser über den Kopf, bevor er, genau so wie ich, das kühle Wasser trinkt.

„Ah, das tut gut!" Jörg grinst mich an und sagt: "Am liebsten würde ich mir alle Klamotten vom Leibe reißen und mich unter den Wasserhahn legen." Da muss ich dann doch lachen und froh gelaunt gehen wir weiter.

Nach einigen Metern kommen wir an einen Grenzstein, der uns anzeigt, dass wir das spanische Navarra betreten. Hurra! Wir sind in Spanien!

Die nächsten Kilometer laufen wir auf einem breiten Weg immer bergauf und bergab bis zur höchsten Stelle der Pyrenäenüberquerung. Ich schnaufe ganz schön, bin aber glücklich. Nun noch 50 m steil bergab. Ich muss aufpassen, dass ich auf dem steinigen Weg nicht stolpere und mit Sack und Pack auf die Nase falle. Unten angekommen, nehmen wir einen kleinen Umweg zum Ibanetapass in Kauf.

Eben noch freue ich mich über die strahlende Sonne am Firmament, als ganz plötzlich dunkle Wolken am Himmel aufziehen. In der Ferne hört man ein Grummeln.

„Jörg, ich glaube, wir müssen uns einen Schutz suchen. Dem Himmel nach zu urteilen, bekommen wir gleich tüchtig was auf die Mütze!"

Aber weit und breit ist, außer einem großen Baum, nichts zu sehen. Wir haben den natürlichen Unterschlupf kaum erreicht, als der Himmel zu explodieren beginnt. Ein greller Blitz, und schon nach wenigen Sekunden überrascht uns ein krachender Donnerschlag. Dem nicht genug, prasselt auch noch ein heftiger Hagelschauer nieder.

Die Hagelkörner sind ziemlich groß und es stört sie auch nicht, dass wir unter einem Baum stehen. Ganz im Gegenteil, sie donnern durch die Blätter auf unsere Köpfe. Ich höre ein lautes „Aua!" und sehe, wie Jörg schützend die Hände über seinen Kopf hält. Zum Glück geht der Hagel schon bald in einen kräftigen Regenschauer über.

Nach zwanzig Minuten kommen zwei pudelnasse Geschöpfe unter dem Baum hervor. Aber der liebe Gott meint es gut mit uns. Der Himmel ist im Nu wieder strahlend blau und auch die Sonne schickt ihre wärmenden Strahlen wieder auf die Erde. Unsere nasse Wanderkleidung ist schnell wieder trocken.

Über eine rutschige, nasse Wiese stolpere ich bis zur Kapelle, die auf der Passhöhe für den hier gefallenen Roland errichtet wurde. Es heißt in der Überlieferung: „Über den Pass von Ibaneta zog im Jahre 778 das Heer von Karl des Großen auf dem Rückweg von seinem Spanienfeldzug gegen die Mauren, als bei Roncesvalles die Nachhut von den Basken überfallen wurde. Der Graf der Bretagne, Roland, der diese Truppe anführte, fand dabei den Tod."

Nach einigen Metern Fußmarsch durch einen Schatten spendenden Wald erreichen wir eine Lichtung, und ich sehe in der Ferne die wuchtigen Mauern des Klosters von Roncesvalles. Ich atme tief durch und denke: `Das war heute deine Feuertaufe!´ Ich habe den schwierigen Aufstieg über die Pyrenäen geschafft, obwohl ich zeitweise drauf und dran war, aufzugeben. Nun weiß ich, dass ich den Weg bis ans Ende der Welt schaffen werde.

Unser Schlafsaal im Kloster Roncesvalles ist riesig und mit ca. 100 Doppelstockbetten ausgerüstet. In dem gewaltigen, hohen Saal des Klostertraktes ohne Fenster werde ich heute Nacht schlafen. Ich bekomme ein mulmiges Gefühl, wenn ich an die vielen schnarchenden Pilger denke. Aber egal, irgendwie werde ich auch das meistern, ich habe ja Ohropax mit.

Die Hospitaleros begrüßen uns sehr freundlich. Die Wanderstiefel müssen wir am Eingang ausziehen und in ein Regal stellen. Ich stapfe in Socken, die einen etwas seltsamen Geruch verbreiten, durch den Saal und suche mir im hinteren Teil des riesigen Klostersaales ein Bett. Jörg richtet sich über mir ein.

Ich breite meinen Schlafsack aus, befreie mich von meinen feuchten, wie eine zweite Haut sitzenden Socken, schlüpfe in die Badelatschen und suche den Waschraum auf, um mich ein wenig frisch zu machen. Die Sanitäranlagen sind super sauber. Im Saal wieder angekommen, lasse ich mir von den Hospitaleros den zweiten Stempel in meinen Pilgerausweis drücken.

Nach diesem langen und anstrengenden Tag verspüren Jörg und ich Hunger. Also ziehe ich meine Wandersandalen an und wir gehen in das Restaurant, welches oberhalb des Klosters liegt.

Wir nehmen auf der Terrasse Platz. Die Abendsonne wärmt mich und ich bin in Gedanken noch einmal auf der heutigen Etappe. In mir macht sich ein stolzes Gefühl breit, das glaubt kein Mensch. Ich bin auf dem Jakobsweg unterwegs! Vor ein paar Jahren wusste ich nicht einmal, was er ist. Und nun bin ich heute, nach 30 Kilometern anstrengenden Weges, in Spanien angekommen, einem wunderschönen Land. Ich wünschte, meine Freunde aus der Heimat könnten jetzt mein strahlendes Gesicht sehen.

Beim Kellner bestellen wir ein großes Glas Bier, eine große Cola und

Spaghetti mit Tomatensoße. Die Spaghetti schmecken mir nicht, zu wenig Würze und dann noch fast kalt. Der Koch hatte wohl heute einen schlechten Tag. Ich trinke die kühle Cola, die wie Öl runter geht. Jörg ist auch nicht begeistert vom Essen und hält sich an sein Cerveza.

Nach der Pilgermesse, die wir noch besuchen, sehne ich mich nur noch nach meinem Bett. Ich mummle mich in meinen Schlafsack, lege Ohropax bereit und versuche, schnell ins Reich der Träume zu gelangen.

3. Tag

Roncesvalles - Larrasoanna

Ich habe geschlafen wie ein Murmeltier. Erst durch die romantischen Klänge gregorianischer Musik werde ich wach. Ich schaue auf die Uhr: Mein Gott, es ist erst sechs Uhr in der Frühe! Soll das etwa unsere tägliche Aufstehzeit werden? Ich möchte noch ein bisschen träumen und der Musik lauschen. Pustekuchen! Geht nicht! Überall beginnt es zu rascheln und zu rumoren, es kommt Leben in die Bude, wie man so schön sagt.

Also rappele ich mich auch auf. Verschlafen stolpere ich die Stufen zum Waschraum hinunter. Es ist noch nicht allzu viel los und ich kann in aller Ruhe meine Morgentoilette erledigen. Der Schlafsack und alle Sachen, die ich gestern überall am Bett aufgehängt habe, wandern zurück in den Rucksack. Socken und Wanderschuhe zieren wieder meine Füße und ich bin startbereit.

Frühstück gibt es nicht. Das Restaurant öffnet erst später. Also verlassen Jörg und ich Roncesvalles und schießen am Ortsausgangsschild noch ein Erinnerungsfoto. Nur noch 790 Kilometer bis nach Santiago, was ist das schon? Innerlich stöhne ich. Aber es hilft nichts, ich habe mich nun mal für diesen Weg entschieden und ich werde ihn bis zum Ende gehen.

Im Kloster lernten wir gestern Birgit und Christoph kennen. Gemeinsam laufen wir heute Morgen auf einem schönen Waldweg zum nächsten Ort. Die Vögel sind auch schon wach und begleiten uns mit ihrem fröhlichen Gesang. Birgit und ich führen ein interessantes Gespräch.

Unter anderem unterhalten wir uns über Träume und Sehnsüchte. Birgit sagt zu mir:

„Wenn du irgendwann mal einen Wunsch hast oder jemanden wiedertreffen möchtest, den du lange nicht mehr gesehen hast, dann stelle dich abends ans Fenster und spreche deinen Wunsch ins Universum. Du wirst sehen, wenn du ganz fest daran glaubst, wird er sich irgendwann erfüllen!" Ich muss sie wohl sehr blöd angeschaut haben, denn sie sagt weiter: „Versuche es, es funktioniert!"

Trotzdem denke ich im Stillen: `Was für ein Hokuspokus! So was kann gar nicht funktionieren!´ Später soll ich eines Besseren belehrt werden.

Mir fällt auf, dass mein „Brauner", so nenne ich meinen Rucksack, gar nicht mehr so auf meine Schultern drückt. Welch eine Wohltat!

Durch unser angeregtes Gespräch merken wir gar nicht, dass wir das hübsche, verschlafene Dörfchen Baguette erreicht haben. Die Bar am Rande des Weges hat schon geöffnet. Wir kehren ein und nehmen ein kräftiges Frühstück zu uns. Ich, als gewordene Kaffeesächsin, ich komme ja eigentlich aus der Altmark, genieße natürlich meinen „Cafe con leche".

Übrigens habe ich gelesen, dass Friedrich der Große 1756 während der Völkerschlacht bei Leipzig den Begriff „Kaffeesachsen" geprägt haben soll, als kursächsische Soldaten vom Schlachtfeld mit der Begründung verschwanden: „Ohne Gaffee gönn`mr nich gämbfen!" Wie recht sie hatten.

Birgit und Christoph verabschieden sich von uns. Sie wollen weiterlaufen. Jörg und ich bleiben noch eine Weile sitzen, bis auch wir uns auf den Weg begeben.

Es geht nun immer bergauf und bergab durch schattige Wälder und an grünen Wiesen vorbei, auf denen gelbe Blumen blühen. Der Morgen ist noch kühl und wir kommen gut voran.

Als wir auf der Passhöhe von Erro ankommen, haben wir einen Höhenunterschied von 801 Metern bewältigt. Nun macht sich mein „Brauner" doch bemerkbar und ich habe das Bedürfnis, meinen geschundenen Schultern etwas Erleichterung zu verschaffen.

Pause! Auf einer kleinen Mauer ruhen Jörg und ich uns aus. Inzwischen ist es sehr heiß geworden. Geckos liegen sonnenverliebt auf der Mauer. Ich nehme einen kräftigen Schluck aus meiner Wasserflasche, esse einen Riegel bittere Schokolade und weiter geht es auf einer mittelalterlichen Brücke über den Fluss Arga nach Zubiri.

Jetzt habe ich schon reichlich 22 Kilometer in den Beinen und sie schreien nach Ruhe. Leider kommt es aber meistens anders als man denkt. Alle öffentlichen und privaten Unterkünfte in Zubiri sind belegt, keine Chance, ein Bett oder wenigstens eine Matratze zu ergattern. Jörg und mir bleibt nichts weiter übrig, als noch weitere 5,6 Kilometer nach Larrasoana zu laufen.

Das Wetter meint es ja heute wieder gut mit uns. Ich sehe, trotz langem Marsch, die Schönheit der Gegend. Ich lausche dem Gesang der Vögel. Das hilft mir, weiter zu laufen, obwohl es immer lauter in mir schreit: `Mach noch eine Pause!´ Geht aber nicht, denn ich habe das Ziel noch nicht erreicht.

Gegen 18.00 Uhr trudeln wir in Larrasoana ein. Meine Beine streiken. Ich schleppe mich dahin und bete zu Gott, dass ich hier ein Bett finden werde. Es erklingt ein lautes „Hola!" Freudig winkend kommen uns Birgit und Christoph entgegen. „Wo kommt ihr denn her? Wolltet ihr nicht in Zubiri bleiben?"

„Klar, wollten wir. Aber alle Unterkünfte waren belegt. Nun sind wir hier und ich brauche endlich ein Bett." Mehr bringe ich nicht über meine ausgetrockneten Lippen.

Jörg unterhält sich mit beiden noch ein wenig. Dann verabschieden wir uns von ihnen mit einem „Buen camino!" und gehen auf Bettsuche.

Ich glaube, Christoph und Birgit sind sich etwas näher gekommen. Auch so etwas geschieht auf dem Camino. Diese beiden Verliebten werden wir auf unserem langen Weg nicht mehr wiedertreffen.

Die einfache öffentliche Herberge ist, oh Schreck, auch voll. Es bleibt uns also nichts anderes übrig, als eine private Unterkunft zu suchen. Wir klappern alles ab, fragen in einer kleinen Bar nach, aber auch hier haben wir kein Glück. Heute mussten Hunderte von Pilgern unterwegs gewesen sein. Was nun? Ich bin total fertig und dem Heulen nahe.

Wir laufen zurück in die öffentliche Herberge. Deutsche Pilger schlagen uns vor, im Aufenthaltsraum zu übernachten, denn die Hospitaleros sind eh nicht mehr da. Mein Herz schlägt einen Purzelbaum und ich bin sehr erleichtert. Dann entdeckt Jörg bei seinem Streifzug durch das Haus auch noch zwei dicke Matratzen, die er die steilen Treppen herunterschleppt und zwischen Computer, Tisch und Stühle legt.

Hunger haben wir nun auch bekommen. Den ganzen Tag über hat mein Magen nichts weiter als Wasser, Wasser, Wasser und ein paar Kekse bekommen. Zwei gebeutelte Pilger suchen also ein Restaurant auf und bestellen ein Pilgermenü für 10 €. Ich wähle aus drei Vor- und drei Hauptspeisen einen Salat und einen leckeren Fisch aus. Dazu landet noch ein halber Liter Wasser und ein halber Liter Rotwein auf unserem Tisch.

Das erste Glas Wasser schütte ich nur so in mich hinein, denn ich war wieder einmal kurz vorm Verdursten.

„Versuche doch mal einen Schluck Rotwein, Mutti, der schmeckt super!", sagt mein Sohn zu mir.

Ich nippe vorsichtig am Glas, aber es ist noch nicht mein Fall (das soll sich aber auch bald ändern). Ich bleibe also beim Wasser und überlasse den Rotwein Jörg. Wenn ich seine Gesichtszüge richtig deute, ist er froh über diese Entscheidung.

Nach der Rückkehr in die Pilgerherberge noch schnell eine Katzenwäsche und ab in den Schlafsack. Es dauert keine zehn Minuten und der Schlaf hat mich übermannt.

4. Tag

Larrasoana - Pamplona

Ich wache auf als das Licht angeht. Ich blinzele in den Raum und kriege meine Augen kaum auf.

„Na, hast du gut geschlafen?", fragt mich leise ein älterer Pilger.

„Ja, prima", antworte ich.

„Ich muss mal über dich steigen, denn meine Wanderschuhe stehen draußen, die brauche ich jetzt", flüstert er mir zu.

Ich schaue auf die Uhr, es ist gerade mal sechs Uhr. Der Mond scheint durch das Fenster und eigentlich will ich noch liegen bleiben, aber es hilft nichts: Aufstehen ist angesagt. Ich krieche aus meinem Schlafsack und wecke Jörg, der noch tief und fest schläft.

Ich stupse ihn leicht an: „Jörg, wir müssen das Feld räumen. Die ersten Pilger sind schon wach und wollen frühstücken."

Jörg sieht mich verschlafen an, dann schält er sich gemächlich aus seinem Schlafsack. Wir schnappen uns die Matratzen und schleppen sie wieder in die Abstellkammer zurück.

Wenig später sind wir ganz allein in der Herberge. Alle Pilger sind auf und davon. Es ist noch dunkel draußen. Warum laufen die denn nur so zeitig los? Die können doch noch gar nicht den Weg richtig erkennen! Da kommt mir ein Gedanke: `Vielleicht wollen sie den Sonnenaufgang erleben?´ Na klar, das ist es! Irgendwann möchte ich ihn auch mal beobachten. Es wäre schon romantisch, am Waldesrand zu sitzen, zu träumen und zu sehen, wie die Sonne hinter den Bergen hervorkriecht.

Aber heute nutzen Jörg und ich die eingetretene Ruhe. Wir erledigen unsere Morgentoilette, essen ein Stück Brot mit Käse, brühen uns einen Kaffee, packen dann unsere Rucksäcke und laufen gegen viertel acht los.

Ich fröstele ein wenig. Über Larrasoana hängt noch ein dichter Frühnebel. Im Vergleich zu den letzten zwei Tagen wird das heute ein kleiner Spaziergang. Die ersten Kilometer steigen zwar gleich steil bergan, aber die frische Brise am Morgen beflügelt mich. Den „Braunen" spüre ich kaum und meine Beine bewegen sich von allein. Bis Pamplona sind es ja „nur" 15,6 Kilometer.

Der Nebel lichtet sich. Ein strahlend blauer Himmel kommt zum Vorschein und die Sonne steigt auch empor. Es wird warm. Ich zippe den unteren Teil meiner Hose ab und ziehe meine Jacke aus.

Die Bäume am Rande des Weges spenden noch viel Schatten und langsam beginnt der Wald zu leben. Ich höre leises Blätterrauschen und Vogelgezwitscher.

Wir laufen durch kleine, verschlafene Dörfer. Jörg ist zurückgeblieben. Alles schläft noch und es ist ganz still. Ich wage kaum zu atmen, um die Ruhe nicht zu stören. Meine Gedanken durchstreifen wieder einmal mein bisheriges Leben, das Höhen und Tiefen erlebte. Ich bin froh, diesen Weg zu gehen, um mir über einige Dinge Klarheit verschaffen zu können.

Jörg hat mich inzwischen wieder eingeholt und wir überqueren über eine sehr alte Brücke den Fluss Ulzama. Dann erreichen wir den kleinen Ort Trinidad de Arre.

Ich schwitze und meine Sinne lechzen nach einer kühlen Cola. Also unterbrechen wir zwei Pilger den Weg und kehren in die nächste Bar ein. Hier bestellen wir uns eine Cola, ein kühles Bier, Kaffee und ein gut belegtes Baguette. Es schmeckt köstlich.

Meine Füße brauchen auch eine Erholung. Ich ziehe meine Wanderschuhe aus und lege die Beine hoch.

An dieser Stelle muss ich doch mal bemerken, dass ich bisher noch nicht eine einzige Blase an meinen Füßen entdeckt habe und das ich nach der regelmäßigen Einnahme meiner Magnesiumtabletten auch mit keinem Wadenkrampf mehr zu kämpfen habe. Bin ich ein Glückspilz?

Die Pause tut so gut. Am liebsten würde ich hier sitzen bleiben. Das geht aber nicht. Ich habe mein Ziel für heute noch nicht erreicht. Die Wanderschuhe also wieder angezogen, meinen „Braunen" aufgebuckelt und weiter geht es bergauf auf dem immer noch schönen Weg.

Rechts und links entdecke ich seltene Pflanzen. Die Bäume tragen ein zartes Grün, der Himmel zeigt sich strahlend blau und nur ab und zu ziehen ein paar Schäfchenwolken vorbei. Der Blick über die Berge ruft in mir ein glückliches Gefühl hervor.

Gegen Mittag erreichen Jörg und ich Pamplona. Wir müssen nur noch über die Magdalena-Brücke, die den Fluss Arga überquert. Wenige Minuten später erreichen wir die Pilgerherberge "Casa Paderborn". Diese Herberge wird von freiwilligen Hospitaleros aus Paderborn geführt, die alle 14 Tage wechseln.

Heute werden wir von Doris und Ernst sehr freundlich empfangen. Sie geben uns ein 4-Bett-Zimmer, welches wir mit Kurt und Thomas teilen. Die beiden waren schon vor uns da, denn ihre Betten zieren Handtücher, Socken und Hemden. Erst am Abend werden wir sie kennenlernen.

Ich breite also meinen Schlafsack auf dem unteren Bett aus, öffne das Fenster und staune nicht schlecht. Ich schaue auf eine grüne Wiese und auf einen leise rauschenden Bach. Wenn das keine Einladung ist? Hier unten werde ich heute Abend sitzen und meine Eindrücke des Tages in mein buntes Büchlein schreiben.

Erst einmal ist aber ein Bummel durch Pamplona angesagt. In einem Restaurant stärken wir uns mit unserer ersten Paella, Cola und viel Wasser. Ich weiß nicht warum, aber auch dieser Koch hatte heute keinen besonders guten Tag. Die Paella ist nicht so, wie ich sie mir vorgestellt habe. Sie schmeckt nicht und deshalb bleibt auch ziemlich viel von ihr auf dem Teller zurück. Ein kleiner lustiger Vogel, der schon die ganze Zeit um unseren Tisch tippelt, landet auf meinem Teller und lässt es sich schmecken.

Lächelnd beobachte ich das fröhliche Treiben des kleinen Kerls, als mir plötzlich jemand auf die Schulter klopft. Ich drehe mich um, und wen erblicke ich: Walter aus Wien. Ihn lernten wir schon auf dem Weg nach Orisson kennen. Jörg und Walter hatten dort einem Pilger geholfen, der mit Kreislaufproblemen zu kämpfen hatte und erschöpft am Straßenrand saß.

Unser Wiedersehen ist natürlich riesengroß. Walter ist ein lustiger Mensch, mit dem man viel Spaß haben kann. So auch die nächste halbe Stunde, die wir zusammen verbringen.

Da Walter noch etwas vor hat und Jörg und ich uns noch ein wenig in der Stadt umschauen wollen, verabschieden wir uns sehr herzlich von ihm mit dem Versprechen, uns irgendwann und irgendwo wieder zu treffen. Buen camino, Walter!

Die engen Gassen Pamplonas mit ihren schönen, alten Häusern setzen mich in Erstaunen. Die Kathedrale, die aus dem 14./15. Jahrhundert stammt, erinnert mich ein wenig an die Frauenkirche in Dresden.

Da ich mir grundsätzlich jede Kirche anschaue, finde ich mich wenige Minuten später auch im Inneren dieses schönen Monuments wieder. Ich bewundere den Alabastersarg, der in einer Glasvitrine steht. Darin sollen sich die Gebeine von König Karl III. von Navarra und seiner Gemahlin Leonore befinden.

Dann schlendern wir an der Stierkampfarena vorbei. Am Eingang steht die Büste des Schriftstellers Ernest Hemingway, der ein Liebhaber des Stierkampfes war. Das kann ich nicht so richtig nachvollziehen, denn mich stimmen diese Kämpfe eher traurig. Für die Spanier ist es jedoch ein richtiges Volksfest. Dieses Spektakel wurde schon im Mittelalter in großen Arenen zur Freude der Bevölkerung abgehalten.

Wir spazieren weiter durch die Stadt und landen in einem großen Supermarkt, wo wir uns für den nächsten Tag die Wegverpflegung besorgen. Was nehmen wir mit? Jedes Gramm mehr ist ein Gramm zu viel. Unser Einkaufswagen füllt sich mit einer Brotstange, etwas Käse, einem Glas Leberpastete, zwei Bananen, Keksen und Schokolade. Wir verstauen alles in einer Plastiktüte und laufen zurück in die „Casa Paderborn".

Heute beschreibe ich mal mein Ritual, das sich täglich nach dem Einchecken in der Pilgerherberge wiederholt. Es beginnt mit dem Ausbreiten des

Schlafsacks auf dem Bett. Dann husche ich unter die Dusche und fühle mich danach wie neu geboren. Die Strapazen des Tages sind vergessen. Als Nächstes wasche ich meine Wanderklamotten, außer Socken und Wanderhose. Warum nicht die Socken?

Jörg hat mir am Beginn unserer Pilgerreise ans Herz gelegt, die Socken niemals zu waschen, sondern sie immer nur über Nacht zum Auslüften an die frische Luft zu hängen.

Ich fragte ihn damals ganz verdutzt: „Warum das denn?"

„Wenn du die Socken täglich wäschst, leiern sie aus und liegen nicht mehr wie eine zweite Haut an deinen Füßen. Du wirst dann ganz schnell Blasen bekommen", antwortete er.

Welch ein weiser Rat! Bisher bemerkte ich keine einzige Blase an meinen Füßen.

Jörg geht noch einmal in die Stadt, um das abendliche Flair zu erleben. Ich dagegen schnappe mein buntes Büchlein, setze mich auf die grüne Wiese am Bach und schreibe meine Eindrücke des Tages auf. Diese Arbeit wiederholt sich auch täglich und am Ende der Reise werde ich mit einem dick gefüllten, halb auseinander fallenden Tagebuch in die Heimat zurückkehren.

Der Abend ist noch so schön. Ich lege mich ins Gras, schaue in den Himmel und beobachte die vorbeiziehenden Schäfchenwolken. Ich höre das Plätschern des Baches und das leise Rauschen der Blätter. Ich bin entspannt und glücklich.

Um zweiundzwanzig Uhr ist auch in der „Casa Paderborn" Ruhe angesagt. Jörg kommt aus der Stadt zurück und wir gehen beide in unser Zimmer. Kurt und Thomas schlafen schon, also müssen wir uns leise verhalten. Ich wünsche Jörg noch eine „Gute Nacht!", verkrieche mich in meinen Schlafsack und träume vom erfolgreichen Tag.

5. Tag

Pamplona - Eunate

Mit einem lauten Froschkonzert werde ich geweckt. Ich strecke meine Glieder und denke: `Heute mal kein Aufwachen durch das Knistern und Rascheln von Plastiktüten oder dem grellem Licht der "Grubenlampen", sondern ein Aufwachen mit einem lustigen Quaken der Grünröcke.´ Ein Lächeln macht sich auf meinem Gesicht breit und ich freue mich auf den neuen Tag.

Über mir kommt auch Bewegung auf. Jörg reckt seinen Kopf zu mir herunter und grinst mich an: „Ist das nicht ein tolles Konzert?" Wir hüpfen beide aus den Betten und erledigen die Morgentoilette, schnüren unsere Rucksäcke und gehen in den Frühstücksraum.

Doris und Ernst haben für alle Pilger ein deftiges Frühstück bereitet. Es geht ziemlich lustig zu. Wieder schwirren Wortfetzen in verschiedenen Sprachen um meine Ohren. Jörg unterhält sich angeregt mit Silke, die an unserem Tisch Platz genommen hat.

Gestärkt und mit einem lachenden und weinenden Auge verabschieden wir uns von Doris und Ernst, die heute auch ihren letzten Tag in der Herberge verbringen. Morgen fliegen sie nach Deutschland zurück. Dann werden für die nächsten 14 Tage wieder neue Hospitaleros in die „Casa Paderborn" einziehen.

Gegen acht Uhr schnappen wir unsere Rucksäcke und verlassen die tolle Herberge.

In den Gassen von Pamplona ist es noch ziemlich ruhig. Ein Reinigungsfahrzeug säubert die Straße. Einen flott dahinschreitenden Spanier, er sieht nach einem Bankangestellten aus, grüße ich mit einem fröhlichen „Hola!". Er lacht mich an und grüßt mich mit einem „Buen camino!" zurück.

Nach ca. 5 Kilometern erreichen wir den Ort Cizur Menor. Bis hierher ereignet sich nicht viel, da wir zum größten Teil durch die Stadt und durch kleinere Vororte von Pamplona laufen. Rechts und links befinden sich hohe Häuser, an deren Fenstern bunte Wäsche im leichten Wind wedelt.

Ich schmunzele und denke: `Andere Länder, andere Sitten. Das sieht man in Deutschland nicht. Da hängt man die Wäsche auf einem Wäscheplatz auf.´

Von nun an werden wir wieder stark gefordert, denn der Weg geht 6,5 Kilometer auf einer Schotterpiste immer bergauf. Es ist warm geworden und ich komme ganz schön ins Schwitzen. Ich habe Durst. Ich versuche wieder einmal meine Trinkflasche aus der Halterung meines Rucksacks zu ziehen. Erneut klappt es nicht. Ich schimpfe leise vor mich hin:

"Das wäre doch gelacht, wenn ich das nicht schaffe!"

Nach mehreren Versuchen halte ich die Flasche stolz in meiner Hand und sage zu mir: „Na siehst du, es geht doch!"

Ich nehme einen kräftigen Schluck zu mir. Ja, ja, ich weiß, ich wiederhole mich, aber der Durst wiederholt sich ja auch. Auf jeden Fall geht es mir jetzt viel besser.

Verschwitzt erreichen Jörg und ich den Ort Zaraquiegui. Hier steht vor der Kirche ein Pilgerbrunnen, an dem jeder Pilger seine Wasserration erneuert. Auch wir füllen unsere Flaschen mit dem köstlichen, erfrischenden Nass, um für den nun sehr steil ansteigenden Weg gewappnet zu sein.

Als wir die Passhöhe von Puerto del perdon erreichen, haben wir einen Höhenunterschied von 735 Metern bewältigt. Prustend und schwitzend kommen wir auf dem Bergrücken „Wo der Weg der Winde mit dem Weg der Sterne zusammentrifft" an. Ich höre das laut summende Geräusch der 40 gigantischen Windräder. Hier oben legen wir eine Rast ein.

Meine fast neun Kilogramm, die ich im "Braunen" mitschleppe, machen sich schon lange auf dieser Etappe bemerkbar. Meine Schultern schmerzen. Das erste, was ich mache: Rucksack runter! Dann nehme ich einen großen Schluck aus meiner Trinkflasche und schon fühle ich mich viel, viel besser.

Ich staune noch über die großen Pilger-Metallskulpturen, die hier auf der Passhöhe stehen, als ich plötzlich ein fröhliches „Dag, Christel!" höre. Ich drehe mich um und erblicke Rita und Jack aus Holland, die an einer Mauer sitzen. Dem nicht genug, entdecke ich auch noch Huanita aus Australien und das verschmitzte Gesicht von Walter aus Österreich.

„Na ihr zwei, auch schon da? Servus Christel! Servus Jörg!", begrüßt er uns mit einem schelmischen Lächeln.

Ein kurzer Austausch über den Weg und die bisherigen Erlebnisse, dann setze ich mich auf die breite Stufe an der Mauer, breite eine Serviette aus und lege Brot, Käse und Knacker darauf.

Jörg steuert indessen das kleine Bistroauto an, das sich hierher verirrt hat, und holt einen Kaffee für uns. Freudestrahlend kommt er mit zwei dampfenden Bechern zurück.

„Mutti, was denkst du, was ich gerade gesehen habe? In dem Auto hängt ein großes Plakat mit Martin Sheen, der die Hauptrolle im Film „The Way" spielt. Dieser Streifen handelt vom Jakobsweg, den wir gerade laufen. Wenn der Film in Deutschland gespielt wird, müssen wir ihn uns unbedingt anschauen!"

Ich habe den Film später zu Hause gesehen. Einige Wochen nach meiner Rückkehr vom Jakobsweg lief "Dein Weg" in unseren Kinos.

Mit meinem besten Freund schaute ich mir den Film an. Die Handlung des Films hat mich emotional sehr beeindruckt. Ich wurde mit so vielen schönen und glücklichen Momenten von „meinem" Weg konfrontiert, dass ich meine Tränen nicht mehr zurückhalten konnte.

Aber zurück in das Heute und Jetzt. Ich esse nur eine Scheibe Brot mit Käse, denn bei dieser Hitze, inzwischen 30°C, habe ich nicht so viel Hunger. Da muss meine Trinkflasche schon mehr herhalten.

Jörg ist ein Genießer, was das Essen anbelangt. Er greift munter zu und verdrückt eine Knacker und einige Scheiben Brot mit Käse. „Guten Appetit!" Die ausgiebige Pause tut uns wirklich sehr gut.

Nun beginnt ein steiler Abstieg auf steinigem Geröll. Ich muss höllisch aufpassen, dass ich nicht ausrutsche.

In Ulterga halten wir kurz an und genehmigen uns eine kühle Cola. Dann nehmen wir einen kleinen Umweg von 3,2 Kilometern in Kauf und erreichen Eunate.

In Eunate steht eine romanische Kirche, deren Ursprung unklar ist. Ihre achteckige Form und andere Indizien lassen eine Templerkirche vermuten. Die Legende sagt: "Ziehe deine Wanderschuhe und Socken aus und gehe dreimal barfuß über das Pflaster, welches um die kleine Kirche verläuft". Es heißt weiter, man könne dann die mysteriöse Kraft, die diesen Ort umgibt, besser spüren.

Im benachbarten Diensthäuschen werden wir von Mary-Rose und Gerard sehr herzlich begrüßt. Sie teilen uns die letzten zwei Matratzen zu.

Welch ein freudiges Wiedersehen, als wir Walter auf der Wiese vor der Herberge entdecken. Ich falle in seine ausgebreiteten Arme und bekomme rechts und links ein Bussi auf die Wange. Die Männer begrüßen sich mit einem Handschlag und einer Umarmung.

Gemeinsam suchen wir den Schlafsaal auf und ich richte mich neben Walter ein. Jörg legt sich uns gegenüber.

Nach einer erfrischenden Dusche gehe ich in den Außengang der Kirche, ziehe meine Sandalen aus und laufe barfuß dreimal auf den holprigen Steinen um die Kirche. Die erste Runde geht noch, aber die zweite und besonders die dritte Runde bereiten mir richtige Schmerzen. Aber ich will es schaffen und so komme ich leicht humpelnd an meinen Ausgangspunkt zurück. Ich bin erleichtert, setze mich auf den Mauerrand des Ganges und reibe meine Fußsohlen.

Jörg ist inzwischen auch da. Er schmunzelt, als er mein schmerzverzerrtes Gesicht sieht. Ich sage nur: „Mach´s nach, dann weißt du, warum ich mein Gesicht so verziehe und froh bin, jetzt neben dir zu sitzen!"

In der Zwischenzeit haben Mary-Rose und Gerard für uns Pilger ein reichhaltiges Pilgermenü zubereitet. Es gibt eine Vorsuppe, eine große Schüssel mit Spaghetti und als Nachspeise können wir zwischen Ananaskuchen und Pudding wählen. Dazu wird reichlich Wein und Wasser gereicht.

An der großen Tafel im Aufenthaltsraum lernen wir ein koreanisches Ehepaar, Jean-Pierre, Luic aus Frankreich und Debby aus den USA kennen. Huanita ist auch da. Zu später Stunde, wir sitzen alle noch am langen Tisch, klopft auch noch Monica aus Spanien an die Tür.

Wir alle sind wie eine große Familie. Obwohl jeder eine andere Sprache spricht, gelingt es uns, angeregte Gespräche zu führen. Ich bin ein bisschen zurückhaltend, denn mit meinen geringen Englischkenntnissen fühle ich mich sehr unsicher.

Jean-Pierre spricht mich an. Ich bin verlegen, aber dann denke ich: `Wozu hast du denn einen Mund? Wozu hast du Hände und Füße? Setze doch diese „Werkzeuge" ein!´

Ein bisschen holprig beginne ich englisch zu quasseln. Mit der Zeit wird es immer besser und ich verliere meine Scheu. Jean-Pierre spricht auch ein wenig deutsch und ich bin ja auch nicht auf den Mund gefallen. Hände und Füße tun das Übrige. An dieser Verständigung finden wir beide echten Spaß und oft müssen wir lachen, wenn ein Wort eine falsche Bedeutung bekommt. Im Stillen sage ich zu mir: `Es geht doch, mach weiter so!´

Gegen halb zehn bittet uns Gerard in die Kirche zu einer kleinen Messe. Jeder von uns bekommt in seiner Sprache ein kleines Bittgebet und eine Kerze.

Als ich den dunklen Kirchenraum betrete, habe ich ein beklemmendes, aber gleichzeitig auch beruhigendes Gefühl. Wir zünden alle unsere Kerzen an und nehmen in der ersten Bankreihe Platz. Jeder spricht das Bittgebet. Jörg und ich sprechen es gemeinsam:

"Herr, wir zünden diese Kerze als Zeichen unserer Liebe und Glaubens zu dir an. Mit ihrer Flamme bringen wir dir unsere Dankbarkeit, den Jakobsweg, den Weg unseres Lebens zu gehen, entgegen."

Dann treffen wir uns alle vor dem Altar, bilden einen Kreis und fassen uns an den Händen. Plötzlich erklingt eine wundersame Melodie, die mir eine Gänsehaut verschafft, Huanita aus Australien hat zu singen begonnen.

Jetzt passiert etwas mit mir, was ich bis heute nicht deuten kann. Durch meinen Körper läuft ein leichtes Kribbeln, ein eigenartiges Gefühl, das mich erschreckt. Im gleichen Moment läuft mein ganzes Leben, Höhen und Tiefen, Freud und Leid, vor meinem inneren Auge ab. Ich bin emotional so ergriffen, dass ich still zu weinen beginne. Sind es die mysteriösen Kräfte, die diesen magischen Ort umgeben? Ich weiß es nicht! Dieses Erlebnis werde ich jedenfalls nie vergessen.

Zurück im Diensthäuschen, kocht uns Mary-Rose noch einen Pfefferminztee. Dann begeben wir uns alle zur Ruhe.

6. Tag

Eunate - Villatuerta

Nach einer unruhigen Nacht wache ich gegen sechs Uhr auf. Ich konnte am gestrigen Abend erst einmal nicht einschlafen, weil mich die Ereignisse in der Kirche zu sehr beschäftigt hatten. Als ich dann doch in einen leichten Schlaf gefallen war, schreckte ich durch ein lautes Schnarchkonzert auf. Walter neben mir arbeitete wirklich schwer. Ich glaubte, da müssen ganze Bäume dran glauben. Mich wunderte nur, dass alle anderen schlafen konnten. Die mussten sich ihre Ohren mit Ohropax regelrecht zugestopft haben. Hinzu kam auch noch, dass unser koreanischer Freund links von mir laufend vor sich hin murmelte. An Schlaf war bei solchen Geräuschen nicht zu denken. Und so gingen meine Gedanken wieder auf Reisen. Ich grübelte über den bisherigen Weg nach, über die Bekanntschaften, die ich auf ihm gemacht habe, über den vergangenen Tag, und irgendwann bin ich dann doch eingeschlafen.
Das muss aber nur kurz gewesen sein. Wie gerädert kullere ich von meiner Matratze. Der Rücken schmerzt und ich denke: `Oh je! Wie wirst du den heutigen Tag bloß überstehen?´
Auf dem Weg in den Aufenthaltsraum schnuppere ich Kaffee. Das ist jetzt gerade das Richtige für mich.

Mary-Rose und Gerard haben für uns alle ein liebevolles Frühstück bereitet. Ich schenke mir eine Tasse duftenden Kaffee ein und genieße den ersten Schluck. Er weckt meine Lebensgeister und schon geht es mir etwas besser.

Nach und nach trudeln auch die anderen ein. So sitzen wir alle ein letztes Mal am großen Tisch. Weitere Gespräche entwickeln sich. Ich quatsche auch mit, so gut es geht. Meine Scheu habe ich überwunden.

Dann ist die Zeit zum Aufbruch gekommen. Vor dem Diensthäuschen macht Gerard noch ein Gruppenfoto von uns. Adressen und E-Mails werden ausgetauscht und dann heißt es: „Adios, Freunde!" An diesem Ort sind wir uns alle sehr nahe gekommen.

Gegen sieben Uhr verlassen wir dann diesen mysteriösen Ort. Von meiner schlaflosen Nacht spüre ich kaum noch etwas. Ich bin wieder fit für den weiteren Weg.

Dieser führt uns nun meist auf Schotterpisten durch herrliche Weinplantagen und über einen steilen Anstieg, der mich fordert und meine Lebensgeister vollends weckt, ins Dorf Obanos. Hier treffen wir wieder auf den regulären Jakobsweg.

Meine Wasserration hat stark abgenommen. Der steile Anstieg machte mich doch sehr durstig, zumal die Sonne sich entschlossen hat, ihre wärmenden Strahlen gnadenlos auf uns herunter zu senden. Ich fülle meine Wasserflasche an einem Trinkbrunnen auf.

Wir befinden uns auf dem Weg nach Puente la Reina. Der Ort verdankt seinen Namen der berühmten Brücke, die im Auftrag der Königin von Navarra im 11. Jahrhundert gebaut wurde, um den Pilgern den Weg über den Fluss Arga zu erleichtern. Puente la Reina ist auch einer der bekanntesten Orte des Jakobsweges, weil sich hier die wichtigsten nordspanischen Jakobswege zu einem einzigen Weg vereinen.

Ich laufe mit Jörg und Walter, den wir unterwegs getroffen haben, über die mittelalterliche Brücke. Ich bin glücklich. Jeder Tag bringt neue Erfahrungen und schöne Erlebnisse mit sich.

Der weitere Weg führt uns nun wieder steil bergauf bis ins Dörfchen Maneru. Alles schläft noch. Kein Wunder, denn es ist noch früh am Tag, als wir an den kleinen, mit bunten Blumen geschmückten Häusern vorbeilaufen. Mir ist sowieso schon aufgefallen, dass die Menschen in den kleinen Ortschaften keine Frühaufsteher sind. Die Hektik, die wir in Deutschland erleben, gibt es hier nicht. Super! Da können wir uns eine Scheibe abschneiden!

Bevor wir nach Ciraouqui kommen, müssen wir schon wieder einen teilweise sehr steilen Berg mit einem Höhenunterschied von 498 Metern bewältigen. Ich komme ganz schön ins Schwitzen und sehne mich nach einer

Pause. Die Kirchturmspitze des Ortes taucht auf. Unter dem schattigen Torbogen am Marktplatz lassen wir uns nieder.

Das erste, was ich mache, ist: Rucksack abschnallen, alle Glieder strecken, mich rekeln und dehnen, und dann trinken, trinken, trinken. Oh, was für ein Genuss!

In der Kirche lassen wir uns unsere Ankunft in Ciraouqui bestätigen. Ich betrachte die acht sehenswerten Stempel, die inzwischen meinen Pilgerpass zieren. Werde ich etwa zu einer Stempeljägerin?

Wir sind an diesem schattigen Fleckchen nicht allein. In der Ecke sitzt mit gesenktem Kopf ein weiterer Pilger. Bei näherem Hinschauen werden meine Augen ganz groß: es ist Jean-Pierre aus Frankreich.

Ich stupse ihn an: „Salute, Pierre!"

Er schaut mich an und ich sehe, dass er geweint hat.

„Was ist passiert?", frage ich ihn.

Jörg kommt hinzu und Pierre erzählt uns, dass er aus der Heimat eine traurige Nachricht erhalten hat. Morgen wird er deshalb die Heimreise antreten. Wir fühlen mit ihm, umarmen ihn sehr herzlich und wünschen ihm alles Gute.

In der Kirche findet gerade eine Messe statt. Jörg und ich huschen ganz leise hinein und sind sehr erstaunt, was wir da erleben.

Wir befinden uns in einem lustigen Kreis junger Menschen, die in Begleitung von Mandolinen und Gitarren sehr aufgelockerte Lieder singen. Ich bin begeistert über diese Fröhlichkeit und eine Melodie kann ich sogar mitsingen, weil sie bei uns in Deutschland auch im Radio zu hören ist. Unbewusst bewege ich mich im Rhythmus der Musik und denke: `Einfach toll!´

Wir verlassen den Ort in Richtung Lorca. Die Landschaft, die sich uns jetzt offenbart, ist grandios. Der Weg ist gesäumt von rotem Klatschmohn. Ich werfe meinen „Braunen" ab und lasse mich in das Meer roter Blüten fallen, sauge den Duft der Blumen förmlich in mir auf und blinzele in den azurblauen Himmel. Die Luft flirrt vor Hitze.

Für Minuten vergesse ich die Strapazen des Weges. Am liebsten würde ich hier sitzen bleiben und den Rest des Tages im duftenden Blütenmeer verbringen. Aber „Pustekuchen", ich habe mein heutiges Ziel noch nicht erreicht. Und so raffe ich mich wieder auf und laufe mit Jörg weiter über eine halb zerfallene römische Brücke und über teilweise sehr ausgetretene Steine einer alten Römerstrasse.

Bis nach Villatuerta sind es noch 4,3 Kilometer. Mein Mund fühlt sich sehr trocken an und ich greife nach meiner Wasserflasche. Ich habe inzwischen die Technik raus und benötige keine Hilfe mehr. Ich nehme einen kräftigen Zug der kühlen Flüssigkeit zu mir und weiter geht es.

In der Albergue „Villatuerta" checken wir in einem sehr geräumigen Raum mit 10 Betten unter dem Dach ein. Wieder einmal ist eine Etappe geschafft. Jetzt habe ich schon ca. 115 Kilometer in den Beinen und diese sagen mir: "Mach weiter so!"

Auf der Terrasse der Albergue bereite ich uns ein kleines Pilgermenü zu, bestehend aus Brot, Knacker, Bier und Wasser. Jörg langt kräftig zu und mir schmeckt es auch sehr gut.

Gestärkt und zufrieden setze ich mich in den Aufenthaltsraum, um meine Tagesereignisse in mein buntes Büchlein zu schreiben. Aus der hintersten Ecke erklingt leise Gitarrenmusik und ich traue meinen Augen nicht, als ich bei genauerem Hinschauen Luic aus Frankreich erkenne. Er grinst mich an: "Salute, Christel!"

„Salute, Luic!" Ich schließe die Augen und lausche den leisen Klängen der einfühlsamen Melodie.

Ich spüre, dass ich nicht allein bin und öffne meine Augen wieder. Eine Frau lächelt mich an. Ihr kleines Tuch hat sie wie ein Pirat um ihren Kopf gebunden.

„Hi! My name is Corinne!"

Ich antworte: "Hi! And my name is Christel!"

Corinne kommt aus Kapstadt. Sie spricht ein wenig deutsch und so können wir uns in meiner Muttersprache unterhalten. Wir sind uns sofort sympathisch und es soll eine Freundschaft werden, die auch nach der Rückkehr in meine Heimat aufrecht erhalten wird. Freunde kennenzulernen ist etwas wundervolles, mit ihnen in Verbindung zu bleiben, ist fantastisch.

7. Tag

Villatuerta - Los Arcos

Am frühen Morgen verlassen Jörg und ich Villatuerta. Es herrscht großartiges Wanderwetter, etwas Wind und blauer Himmel, gute Voraussetzungen für den 22 Kilometer langen Weg.

Corinne habe ich nicht mehr getroffen. Einerseits erscheint es mir unmöglich, dass wir uns auf dieser langen Reise wiedertreffen werden, andererseits sage ich mir: "Der Camino hat schon so oft für Überraschungen gesorgt! Warum sollten wir beide uns also nicht wiedersehen?"

Im Ort kaufen wir noch etwas Wegverpflegung ein und laufen dann weiter in Richtung Estella.

Schon von weitem erblicke ich die riesigen Bauten. Mein Reiseführer sagt, dass Estella eine wichtige Stadt auf dem Pilgerweg nach Santiago war. Voller großartiger Monumente im romanischen Stil wurde sie von den Pilgern „Estella la Bella – Estella die Schöne" genannt. Und mit Recht! Ich bewundere die Kirche des Heiligen Grabes mit ihrem sehenswerten gotischen Portal, laufe auf der alten Pilgerstrasse, der Sirga peregrinal, weiter über die Plaza de San Martin aus der Stadt heraus.

„Mutti! Nicht weit von dieser schönen Stadt werden wir auf eine Weinkellerei stoßen. Dort können wir kostenlos soviel Rotwein zapfen wie wir vertragen. Es gibt natürlich auch einen „Wasserhahn" für dich", grinst Jörg mich an.

„Na, prima. Da ist also eine längere Pause angesagt?", antworte ich.

Froh gelaunt erreichen wir die „Bodegas Irache".

Jörg stürmt an die Quelle. Dann stutzt er und ich höre:

„Na Klasse, haben wir ein Glück! Es kommt kein einziger Tropfen Rotwein aus dem Hahn! Vielleicht machen die Befüller der Quelle Mittagspause?"

Ich muss lächeln und frage Jörg so nebenbei: „Aber das kühle Wasser fließt?"

„Ja, das kannst du zapfen. Aber wir werden einfach warten. Vielleicht sprudelt der Wein ja doch noch."

Am nahe gelegenen Rastplatz machen wir es uns bequem. Meinen treuen "Braunen", den ich beim Laufen kaum noch spüre, stelle ich ab. Ich nehme die Tafel Schokolade und die Banane heraus, stelle meine Trinkflasche, die ich an der Quelle mit frischem Wasser gefüllt habe, auf den Tisch und beginne zu essen.

Jörg macht es mir nach. Einige Male läuft er zur Quelle um nachzusehen, ob sie endlich den süffigen Rotwein ausspuckt. Aber da tut sich gar nichts.

Nach geraumer Zeit gibt auch Jörg den Gedanken auf einen erfrischenden Schluck Rotwein auf. Also rüsten wir uns zum Weitergehen. Wir laufen am Kloster Irache vorbei, welches am Fuße des mächtigen Berges Montejurra liegt und eines der ältesten Klöster Navarras mit einer romanisch – gotischen Kirche und einem Renaissancekreuzgang ist.

Es wird immer wärmer. Das Laufen auf Schotterpisten, steinigen Pfaden und ausgetrockneten Feldwegen macht es uns nicht leicht. Der Schweiß läuft mir den Rücken herunter und ich sehne mich nach etwas Abkühlung. Jetzt melden sich auch wieder mal meine Knochen. Sie schreien nach einer Pause, die ich dann auch an einem mittelalterlichen Maurenbrunnen einlege.

Im Reiseführer steht, der Brunnen sähe aus wie ein Tempel. Ich sehe keinen. Man muss schon eine rege Fantasie besitzen, um sich hier einen Tempel vorzustellen. Ich blicke nur in ein mit Wasser gefülltes, dunkles Loch. Na ja, mal kurz die Arme bis zu den Ellenbogen hineinhalten und die Frische genießen, das ist doch schon mal was.

„Im nächsten Ort machen wir eine größere Pause, Mutti!", schlägt Jörg vor.

„Das klingt sehr vernünftig und könnte glatt von mir sein", lache ich.

Mir fällt plötzlich auf, dass ich viel zu wenig lache. Das muss wieder anders werden. Zu Hause lache ich über jede Kleinigkeit, eine meiner vielen kleinen Macken.

Wir platzieren uns vor einer Bar in Villamayor de Monjardin. Ich befreie meine Schultern vom „Braunen", ziehe meine Wanderschuhe aus, die es auch nötig haben gelüftet zu werden, und lege meine gestressten Füße auf einen weiteren Stuhl. Jörg hat inzwischen eine große Cola für mich und ein großes Bier für sich bestellt. Wir prosten uns zu und genießen in großen Zügen die kühlen Getränke. „Oh, ist das gut!", hauche ich über den Tisch. Jörg wischt sich den Schaum vom Mund und schmunzelt nur.

Ich betrachte die wenigen Leute, die auf der Terrasse sitzen. An den angeregten und lauten Gesprächen erkennt man sehr schnell die Spanier. Auch auf dem Jakobsweg, den ja auch die Spanier laufen, hört man sie schon von weitem. So schnell, wie sie da sind, sind sie auch schon wieder weg. Die haben ein Tempo drauf, das ist unglaublich. „Ob die wohl Fersengeld bekommen?", frage ich mich. Ich schließe meine Augen und fühle mich richtig wohl.

Gegen vierzehn Uhr raffen wir uns dann auf in Richtung Los Arcos. Wir füllen noch die Wasserflaschen, denn im Reiseführer steht, dass wir während der nächsten zwölf Kilometer keine zuverlässige Wasserstelle mehr finden werden.

Die Sonne knallt erbarmungslos auf uns herunter. Weit und breit ist keinerlei Schatten auszumachen. Ich sehe nur Felder, Wiesen und kleine Sträucher. Bei 30° Celsius wird es die härteste Strecke des heutigen Tages werden.

Schweißperlen bilden sich auf meiner Stirn und laufen über mein Gesicht. Die Füße dampfen. Mein Rücken ist auch nicht gerade trocken. Ich greife immer häufiger zur Wasserflasche. Für einen kurzen Moment bringt das eine kleine Erleichterung. Ich sehne mich nach einem schattigen Fleckchen. Ich kämpfe mit mir. Aber mein innerer Schweinehund siegt wieder mal und endlich erblicke ich ein Pinienwäldchen.

Als ich näher komme, sehe ich Jörg schon langgestreckt unter einem Baum liegen. Schnell den Rucksack runter und ab in den Schatten. Einen kräftigen Schluck aus der Wasserflasche und Pause! Die Hitze macht mich doch sehr durstig und schläfrig.

Dann laufen wir weiter.

„Es ist nicht mehr weit bis Los Arcos", sagt Jörg.

„Gott sei Dank! Ich bin heute doch sehr geschafft!", antworte ich.

Das Ziel vor Augen, bewegen sich meine Beine immer schneller, und plötzlich, wie aus dem Nichts heraus, taucht die Kirchturmspitze von Los Arcos vor mir auf.

Ich bin erleichtert. Jetzt nur noch die Pilgerherberge „Casa Austria" finden und die heutige Etappe ist geschafft. Hurra!

Die Herberge hat einen wunderschönen Innenhof und wird von der österreichischen Pilgerbruderschaft geführt. Jörg und ich erhalten eine Matratze unter dem Dach. Jetzt heißt es zum wiederholten Male: Schlafsack ausbreiten und ab unter die Dusche. Das Wechselbad genieße ich in vollen Zügen. Ich merke, dass es mir immer besser geht und fühle mich wie neu geboren.

Nebenan in der Dusche höre ich Jörg schnaufen und prusten. Ich glaube, er genießt es genau so wie ich. Ein Schmunzeln huscht über mein Gesicht. Meine durchschwitzten Sachen habe ich gewaschen und zum Trocknen aufgehängt. Jetzt schnell in die frische Kleidung geschlüpft und ab in den Innenhof.

Vertraute Töne klingen an mein Ohr. Ich denke: `Das kennst du doch!´ In der Ecke sitzen Walter, wir haben ihn Don Waltero getauft, und Marie aus Österreich.

Es ertönt ein freudiges „Hola! Servus, Christel!", und Walter umarmt mich.

„Hola, Walter! Ist das schön, dich wiederzusehen! Servus, Marie!"

Ein noch größeres Hallodri entsteht, als Jörg auftaucht. Die Wiedersehensfreude ist groß. Es soll nicht die Letzte sein.

Eigentlich wollte ich mein Tagebuch schreiben, aber dazu komme ich nicht. Bis in die späten Abendstunden reden wir mit Walter und Marie über unsere Erlebnisse. Auf dem ganzen Weg habe ich noch nicht so viel gelacht wie heute Abend, denn der „große Blonde" aus Österreich ist ein Typ, mit dem man Pferde stehlen kann.

Jörg und ich legen für den morgigen Tag noch die Etappe fest. Sie wird uns nach Viana führen. Walter und Marie wollen noch etwas weiter laufen und so wird es wieder mal ein Abschied bis zum nächsten Wiedersehen irgendwo und irgendwann.

Der Tag war lang und anstrengend gewesen und so sucht jeder sein Schlaflager auf.

Buenas noches!

8. Tag

Los Arcos - Viana

Die Nacht war ruhig. Ich habe gut geschlafen. Ich krieche aus meinem blauen Schlafsack, suche alle Sachen zusammen, die da so um mich herumliegen und packe sie wieder in meinen treuen "Braunen". Eine kleine Morgentoilette, wie sich das auch für Pilger gehört, und dann runter in die kleine Küche zum Frühstück.
Gestärkt und gut gelaunt rüsten wir uns zum Abmarsch. Walter und Marie sind schon auf und davon. Sie sind uns immer eine Nasenlänge voraus. Man muss wissen, dass Jörg und ich immer die Letzten sind, die morgens die Herberge verlassen und immer die Letzten sind, die abends am Etappenziel ankommen.
Ich habe gehört, dass die meisten Pilger deshalb so früh loslaufen, damit sie am nächsten Etappenziel eine Schlafgelegenheit bekommen. Jörg und ich finden es schrecklich, wenn früh um vier Uhr, und manchmal noch zeitiger, die „Grubenlampen" mit ihrem grellem Licht aufleuchten. „Grubenlampen" deshalb, weil die Pilger sie wie die Bergleute am Kopf befestigen. Da huschen dann gespenstische Schatten im dunklen Schlafsaal hin und her, Plastiktüten rascheln und ein emsiges Treiben beginnt. Was legen wir zwei da für eine Gelassenheit an den Tag. Wir finden immer ein Bett oder eine Matratze, auch wenn wir spät ankommen. Die Erkenntnis: In der Ruhe liegt die Kraft!
Die Strecke bis Torres del Rio ist trist und langweilig. Auf Schotterpisten und ausgetrockneten Wegen erreichen wir den kleinen Ort. Über eine kleine, ausgetretene Steintreppe kommen wir auf einen winzigen Platz mit einer Bar.
Ein Strahlen huscht über mein Gesicht, als ich eine altbekannte Freundin, Corinne aus Kapstadt, erblicke.
„Jörg, schau mal, wer da sitzt!"
Als Corinne uns sieht, kommt sie mit ausgebreiteten Armen auf uns zu.
„I´m looked forward to see you again!"
Wir umarmen uns und beginnen sofort, von unseren Erlebnissen zu berichten.
Corinne ist mit ihren beiden Freundinnen hier und will sich einen Tag in Torres del Rio ausruhen. Sie hat Probleme beim Laufen und hofft auf etwas Entspannung und Erholung. Morgen will sie dann den Weg fortsetzen.
Für Jörg und mich ist die Reise für heute noch nicht beendet. Wir haben noch ein großes Stück vor uns, bevor wir unser Ziel erreichen werden.

Und so heißt es zum wieder Abschied nehmen von einer guten Freundin. Wir tauschen noch unsere Email-Adressen aus, und weiter geht es auf dem „Weg der Sterne".

Die Strecke bis Viana hat es noch mal in sich. Auf steinigen Pfaden geht es ständig bergauf und bergab. Die vor uns liegende Landschaft flimmert im kräftigen Sonnenlicht. Der Griff zur Trinkflasche passiert immer häufiger. Wir müssen bis Viana immerhin einen Höhenunterschied von 700 Metern bewältigen, was bei der Hitze nicht leicht ist. Ausgepowert und erschöpft komme ich im Ort an.

Auf dem Hauptplatz, an der Kirche Santa Maria, treffen wir Kurt. Ich hätte nicht gedacht, dass wir uns noch einmal wiedersehen. Aber so ist der Camino, er sorgt immer für Überraschungen.

Kurt berichtet, dass die öffentliche Herberge belegt ist. So langsam gewöhne ich mich an den Satz: „Die Pilgerherberge ist voll!" Was nun? Wieder einmal müssen wir auf Schlafplatzsuche gehen.

"Ich mache erst mal eine Pause, Jörg! Ich muss meinen Gliedern etwas Erholung gönnen. Wer weiß, wo wir eine Bleibe finden werden!"

Plötzlich läuft Jörg auf zwei Polizistinnen zu und unterhält sich angeregt mit ihnen. Er kann ganz gut spanisch sprechen und kommt mit einigen Adressen von privaten Unterkünften zurück.

„Super, Jörg! Dann mach´s mal gut, Kurt. Ich wünsche dir einen guten Weg!"

Wir sind noch keine drei Schritte gelaufen, da spricht uns ein Einheimischer an. Er bietet uns sein Apartment „Touristico Los Borgia" an. Wir sind neugierig und gehen mit Pablo, so heißt der Einheimische, und schauen uns seine Unterkunft an.

Mir rutscht ein „Wow!" heraus, als ich das Apartment sehe. Es ist Luxus pur. Gemütliches Wohnzimmer, Schlafzimmer, Küche, Bad, alles komfortabel. Wir sagen, ohne zu überlegen, sofort zu und erhalten von Pablo die Schlüssel.

Ich kann es noch gar nicht fassen, dass wir wieder einmal, nachdem es ziemlich aussichtslos mit einer Bleibe aussah, so ein Glück haben. Das grenzt schon an ein Wunder. Ich komme langsam zu der Überzeugung, dass der Weg doch etwas Spirituelles hat. Ich werde darüber nachdenken.

Jetzt aber inspiziere ich erst einmal das Badezimmer. Die große Wanne verlockt zu einem erholsamen Bad. Nach der Hitze ist das jetzt gerade das Richtige. Ich lasse mir Wasser ein und rufe Jörg zu:

„Ich geh` dann mal in die Wanne!"

„Ist in Ordnung, Mam! Genieße es!"

Das werde ich!

Ich rutsche langsam ins warme Wasser. Verdammt, tut das gut! Ich summe eine kleine Melodie und fühle mich in der Wanne so richtig wohl.

Erholt gehe ich später in die Küche. Hier hat Jörg schon alles bereitgestellt für ein zünftiges Abendessen. Wir wollen leckere Spaghetti mit Tomatensoße, Zwiebeln und Erbsen zubereiten. Ich mache mich also an die Arbeit, während Jörg nun auch ein Bad zu sich nimmt.

Die Abendsonne wärmt noch und so sitzen wir beide auf dem kleinen Balkon, essen die gut gelungenen Spaghetti und legen die morgige Strecke fest.

Der Tag war lang und so gehen wir dann auch bald schlafen. Unsere Schlafsäcke haben heute „Ruhetag".

Ich werde bestimmt gut schlafen, denn ich liege seit langem wieder mal in einem richtigen Federbett. Vielleicht träume ich auch mal was Schönes!

9. Tag

Viana - Navarrete

Nach einem kräftigen Frühstück verlassen wir unsere tolle Unterkunft und Viana. Entlang einer Teerpiste kommen wir an einen Rastplatz mit einem Trinkwasserbrunnen. Hier füllen wir unsere Wasserflaschen noch einmal auf. Vorbei am Stausee „Embalse de las Cañas" und weiter auf der Hauptstraße, stoßen wir bald auf eine Papierfabrik. An dieser Stelle befindet sich die Provinzgrenze von Navarra und wir erreichen das wichtigste Weinanbaugebiet Spaniens, die Region La Rioja. Dies ist ein erhebender Moment für uns.

Jörg und ich vollführen einen Freudentanz, denn wir haben ohne Schwierigkeiten, außer anfänglichen Rückenschmerzen und Unterkunftsproblemen, die sich aber immer zum Guten wendeten, die erste Region unserer Pilgerreise durchlaufen. Ich fühle mich glücklich und bin stolz auf mich. Ja, ich bin stolz auf mich!

Unser Weg führt uns nun durch das Weingebiet. Es erinnert mich an die großen Weinberge zwischen Pillnitz und Meißen. Einmal bin ich den fantastischen Weg gelaufen und habe mich an den köstlichen Weinbeeren satt gegessen. Diese wertvollen Trauben stehen auch jeden Morgen zu Hause auf meinem Frühstückstisch.

Kurz vor Logroño, heißt es in unserem Reiseführer, wartet Maria unter einem Feigenbaum mit Stempel und Getränken auf die Pilger. Maria ist die Tochter von Doña Felisa, die hier jahrelang ihren Dienst tat. Nach ihrem Tod 2003 übernahm ihre Tochter diese Aufgabe.

Schon von weitem sieht man die aufgespannten Sonnenschirme auf der Anhöhe. An ihrem zur Stempelstelle umfunktionierten Küchentisch sitzt Maria mit dem wertvollen Pilgerstempel, dessen Motto „Feigen, Wasser und Liebe" ist, die drei wichtigsten Dinge eines jeden Pilgers. In einer Strichliste zählt sie die ankommenden Pilger.

Maria begrüßt uns mit einem freundlichen „Buenos dias!". Sie nimmt ihren Stift zur Hand und fügt zwei weitere Striche in ihrer Liste hinzu, bevor sie uns den Stempel in unsere „Credencial del Peregrinos" drückt. Wer sich hier keinen Stempel holt ist nicht gepilgert, heißt es unter den Pilgern.

Der Blick von hier oben auf die Stadt Logroño ist atemberaubend. Logroño ist die Hauptstadt der Region La Rioja. Ihre Entstehung ist heute noch deutlich zu erkennen. An der Stelle der heutigen Brücke befand sich schon im 12. Jahrhundert eine Brücke, die den Pilgern die Überquerung des Ebro ermöglichte.

Wir setzen unseren Weg, vorbei an Feldern mit rotem Klatschmohn, fort. Ich stelle fest, dass ich diese leuchtende, rot blühende Feldblume bei uns zu Hause sehr selten sehe. Nur ab und zu mal ein einzelnes Pflänzchen am Wegesrand. In Spanien ist alles viel bunter und reizvoller.

Die Sonne meint es heute wieder gut mit uns. Sie knallt erbarmungslos auf uns herab.

Schweißgebadet erreichen wir Logroño auf der ältesten Straße, der Ruavieja sirga peregrinal. Alle meine Sinne schreien förmlich nach einer Ruhepause. Jörg steuert eine Bar an und ich kann gar nicht schnell genug einen „Uno zumo de naranja", einen Orangensaft, bestellen. Dazu leiste ich mir noch ein Bocadillo. Jörg hat eine große Cola bestellt und ebenfalls ein Bocadillo. Wir lassen es uns schmecken und genießen die Pause. Wir haben ja noch ein ganzes Stück vor uns, bevor wir unser Ziel erreichen werden.

Der Weg durch die Stadt wird zur Tortur, nur Straße, und die Sonne brennt. Nach etwa zwei Kilometern kommen wir in einen Park. Im Schatten der Bäume, am nahegelegenen Stausee Pantano de la Grajera, rasten wir.

Während ich einen kräftigen Schluck aus meiner Wasserflasche nehme, beobachte ich das lustige Treiben vieler Spanier. Sie grillen, tanzen und singen. Da möchte man am liebsten mitmachen. An so einem schönen Tag würde ich zu Hause auf mein Rad steigen und eine schöne Tour entlang der Elbe machen. Für uns geht es aber erst einmal weiter durch den Park, der uns noch für kurze Zeit Schatten spendet. Dann sind wir wieder dem grellen Sonnenlicht ausgeliefert.

Am Ende dieses Naturschutzgebietes steht eine Hütte. An ihr hängt ein Schild mit der Aufschrift „Ermita del Peregrino Pasante – Macelino Lobato Castrillo".

Ich erfahre später von Frank, den wir auf unserem Weg noch kennenlernen werden, dass hier ab und zu Macelino sitzt, sich mit den vorübergehenden Pilgern unterhält und Pilgerstäbe, Wasser und Früchte an sie verteilt.

Nun wird der Weg wieder lang und trist, kein Schatten, kaum ein Baum und die Sonne ist gnadenlos.

Eine kleine Abwechslung bietet sich uns dann aber doch noch.

„Schau mal, hier haben Pilger kleine Kreuze aus Holz und Gras in den Zaun geflochten!", sagt Jörg.

Ich staune immer wieder, mit wie viel Liebe und Einfallsreichtum Pilger Zeichen setzen. Es zeigt doch, dass das Leben auf dem Jakobsweg auch heute noch Traditionen neu belebt. Der Stier, den wir etwas weiter auf einem Hügel entdecken, ist zwar nicht so reizvoll, aber er gehört halt auch zu Spanien.

Endlich kommen wir in Navarrete an. Der Schweiß läuft mir von der Stirn. Meine Füße dampfen und verlangen eine Befreiung. Diese werde ich ihnen sofort geben, wenn wir in der Pilgerherberge angekommen sind. Aber diese Hoffnung erfüllt sich erst einmal nicht, denn die öffentlichen Herbergen sind wieder mal voll. Das ist doch verrückt: immer wenn wir eine längere Strecke und dann noch bei Temperaturen um die 30° C laufen, stehen wir vor vollen Pilgerherbergen. Vielleicht sollten wir doch mal früher losgehen.

Und wieder einmal beginnt die Suche nach einer Unterkunft, die wir dann auch für 30 € die Nacht finden. Schnell aus den verschwitzten Klamotten raus und unter die Dusche. Wenn nach so einer heißen Etappe das Wasser über meinen Körper rieselt, vergesse ich einfach alle Strapazen des Tages. Jörg und ich fühlen uns erholt und beschließen eine Pizza zu essen. Darauf haben wir heute mal so richtigen Appetit.

Als wir uns einer kleinen Bar nähern, werden wir mit einem lauten „Hola!" begrüßt. Kurt, Thomas, Sina und Alex sitzen schon gemütlich beisammen. Wir gesellen uns zu ihnen und ich höre den neuesten Caminoklatsch. Ja, auch so etwas gibt es hier, nicht nur zu Hause.

Die Pizza ist köstlich. Jörg fragt mich: „Mutti, hast du unseren Reiseführer?"

Ich: „Nein!"

Na prima! Wir geraten etwas in Panik, denn dieses wertvolle Büchlein brauchen wir.

Jörg läuft den Weg zu unserer Unterkunft ab und wir anderen schauen uns auf der Terrasse um. Auf dem Tisch liegt ein Reiseführer. Mein Bauchgefühl sagt mir, dass er uns gehört.

„Wem gehört dieser „Führer?", frage ich.

Alle schauen mich an: „Uns nicht!"

„Na dann ist das wohl das vermisste Objekt!", sage ich erleichtert, schnappe es mir und stecke es ein.

Jörg kommt niedergeschlagen zurück. „Ich habe den Reiseführer nicht gefunden, was nun? Hätte ich doch bloß nicht unseren alten in der Herberge zurückgelassen! Jetzt könnten wir ihn gut gebrauchen!"

Ich zücke das gelbe Etwas mit der Aufschrift „Der Weg ist das Ziel" und halte es ihm unter die Nase.

„Wo hast du den denn gefunden?", fragt mich Jörg.

„Er lag die ganze Zeit hier auf dem Tisch. Ich konnte dich nicht mehr zurückrufen, als wir feststellten, dass er uns gehört. Aber nun ist ja alles gut. Setz dich und beruhige dich!"

Alle reden durcheinander, jeder hat etwas zu erzählen. Wir geben eine lustige Runde ab. Zu später Stunde verabschieden wir uns, wünschen uns einen erfolgreichen Weg und hoffen auf ein baldiges Wiedersehen.

10. Tag

Navarrete - Azofra

Der heutige Tag ist im Vergleich zu den letzten erfrischend kühl. Bei 16° Celsius machen wir uns auf den Weg.

Sobald man Navarrete hinter sich lässt, führt der Jakobsweg durch riesige Weinfelder auf den Pass von Alto de San Antón. Von hier aus geht es leicht bergab in das berühmte „Tal der Steinmännchen". Jeder Pilger baut hier nämlich aus den herumliegenden Steinen ein „Steinmännchen". Soweit das Auge reicht, überall stehen diese von Menschenhand gebauten Gebilde, und jedes „Männchen" sieht anders aus. Ich begreife zum ersten Mal, wie viele Pilger diesen Weg bereits gegangen sind. Ich fühle mich mit ihnen verbunden und baue auch mein eigenes kleines „Steinmännchen". Es soll mein Dankeschön sein, dass ich den Weg bis hierher geschafft habe.

Für meine Freunde in der Heimat mache ich ein Foto. Ich werde ihnen erzählen, was es mit dieser kleinen „Steinmännchenstadt" auf sich hat. Ich werde ihnen erzählen, dass hier die Pilger Kraft zum Weiterlaufen schöpfen und mit ihren „Männchen" Wünsche, Träume und Gedanken ausdrücken.

Auf dem Pass von Alto de San Anton angekommen, bietet sich mir ein unbeschreiblicher Blick auf die sonnendurchflutete Stadt Nàjera. Von hier oben sieht sie so nah aus, aber es liegen noch einige Kilometer vor uns.

Der schattenlose Schotterweg ist mühsam zu laufen. Auf dem Weg in den Stadtkern kommen wir an einer Fabrikmauer vorbei, auf der Garibay Daños ein Gedicht über den Pilgerweg verfasst hat. Dieser Daños war ein Priester, der in Nájera lebte und dort die Pilger tatkräftig unterstützte.

Wir durchlaufen den Ort und erreichen am Nachmittag Azofra. In der Gemeindeherberge müssen wir zum wiederholten Male feststellen, dass sie belegt ist. `Na toll`, denke ich, bin aber davon überzeugt, dass wir sicher ein Bett finden werden. Bisher hat es ja immer geklappt, warum nicht auch heute?

Als ich im Hof stehe und mich ein wenig umschaue, erblicke ich Rita aus Holland. Sie schlummert friedlich, mit einem Buch in der Hand, auf zwei Plastikstühlen. Ich will sie nicht stören und lasse sie weiter träumen.

Inzwischen haben die Hospitaleros auch eine Schlafgelegenheit für uns parat. Sie bringen uns mit weiteren Pilgern in die Kirche. Der Raum ist eng. Die Luft ist stickig und alle fünf Doppelstockbetten werden belegt.

Ich stöhne: „Oh mein Gott, wie soll ich denn hier ein Auge zubekommen?"

Ich schaue Jörg an. Er zuckt mit den Schultern: "Wir haben erst einmal ein Bett, Mutti, alles weitere wird sich finden."

Der lange Weg heute hat hungrig gemacht und so steuern wir ein Restaurant im Ort an. Vor dem Gasthaus warten in der Sonne schon einige Pilger, darunter auch Thomas und Elisabeth, die wir herzlich begrüßen. Thomas erzählt uns, dass er mit seiner Frau auf den Weg gegangen ist. Weil er aber dachte, sie wäre etwas zu langsam für ihn, ließ er sie einige Etappen voraus laufen. Heute berichtet er nun, dass er sich wohl doch getäuscht hat, denn er hat seine Frau noch nicht eingeholt, trotz seines zügigen Tempos. Ich sage lächelnd zu ihm: „Na, da hat der heilige Jakobus deiner Frau wohl Flügel verliehen!"

Wie aus dem Nichts heraus steht Walter plötzlich vor uns und grinst uns an: „Servus, ihr zwei! Wollt ihr auch etwas essen? An unserem Tisch ist noch Platz, kommt doch einfach mit!" Was besseres konnte uns gar nicht passieren. Wir folgen ihm. Am Tisch sitzt auch Marie, die uns lächelnd begrüßt.

Das Pilgermenü schmeckt ausgezeichnet. Auch ein Rotwein gehört dazu. Heute versuche ich erneut von diesem süffigen Getränk zu kosten. Ich stelle fest, dass es zu einem guten Menü gar nicht so schlecht schmeckt. Jedenfalls trinke ich mein Glas aus und das soll für die Zukunft nicht das letzte gewesen sein.

"Para el beneficio!" Zum Wohle!

Wir vier haben viel Spaß. Unter anderem begutachten wir auch unsere Bräune, die wir bei dem herrlichen Wetter bekommen haben. Walter ist mit seinen blassen Oberarmen nicht ganz zufrieden. Wie denn auch, wenn er T-Shirts mit längeren Ärmeln trägt. Da hat Marie doch eine glänzende Idee. Sie sagt: „Ich glaube, da können wir Abhilfe schaffen! Zieh doch mal dein T-Shirt aus!"

Der ahnungslose „große Blonde" befreit sich von seinem guten Stück. Marie nimmt eine kleine Schere zur Hand und schneidet einen Ärmel einfach ab.

„Was machst du da Marie?", fragt Walter sprachlos.

„Das siehst du doch! Ich helfe deinem Arm braun zu werden. Den nächsten Ärmel heben wir uns für später auf!"

Walter findet keine Worte mehr. Marie, Jörg und ich können uns vor Lachen kaum halten. Wenn ich einmal beginne zu lachen, kann ich so schnell nicht wieder aufhören. Das erinnert mich an eine Situation aus meiner Kindheit.

Ich hatte irgendetwas ausgefressen, ich weiß heute nicht mehr, was ich angestellt hatte. Jedenfalls kam meine Mutti schimpfend mit einem Teppichklopfer auf mich zu. Um nicht erwischt zu werden, lief ich um den Tisch herum, Mutti wütend hinterher. Das war für mich so lustig, dass ich herzhaft zu lachen anfing. Nach einigen Runden verkrümelte ich mich dann unter dem Tisch. Da konnte mich Mutti nicht erreichen.

Nach einer geraumen Zeit beruhigte ich mich und kroch vorsichtig wieder hervor. Mutti empfing mich mit einer heftigen Schimpftirade. Den Teppichklopfer bekam ich nicht zu spüren, dafür verhängte sie mir aber eine Woche Hausarrest. Das war schlimm für mich. Was sollte ich eine Woche lang, eingesperrt in meinem Zimmer, tun? Wie heißt es so schön? Lache nie über deine Mama!

Aber zurück in die Gegenwart. Walter ist kein Spielverderber. Ein breites Grinsen huscht über sein Gesicht und dann lacht auch er über Marias Aktion. Die Rotweinflaschen sind geleert und bald verlassen wir etwas leicht beschwipst zu später Stunde das Restaurant.

Ein kleines Stückchen gehen wir noch gemeinsam. Wenn ich Walter anschaue, wie er mit dem abgeschnittenen Ärmel stolz dahinschreitet, muss ich schmunzeln. Wir verabschieden uns und wünschen uns für morgen ein „Buen Camino!"

Ich bin in guter Stimmung.

„Ich denke, Jörg, heute werde ich gut schlafen!"

Wir müssen ganz leise sein, denn die anderen Pilger schnarchen schon alle. Der kleine Raum ist zappenduster, die Luft ist stickig. Alle Fenster sind verschlossen. Grauenvoll!

Ich flüstere Jörg zu: „Das ist ja schrecklich! Ich glaube, ich kann doch nicht gut schlafen. Wir werden sehen!"

11. Tag

Azofra - Grañon

Wie vorausgesehen, konnte ich gestern Abend nicht einschlafen. Es war zu warm. Und dann diese fürchterlichen Geräusche, obwohl ich gelernt habe, ohne Ohropax einzuschlafen und die Schnarchgeräusche einfach auszublenden. Gestern Abend ist es mir nicht gelungen. Ich wälzte mich in meinem Bett hin und her, fand keine richtige Lage und schaute andauernd auf die Uhr. Ich war am Verzweifeln.

Irgendwann muss ich dann doch eingeschlummert sein, denn als ich wieder munter wurde, bemerkte ich, dass das Bett über mir leer war. Jörg konnte bestimmt auch nicht schlafen und hatte den stickigen Raum verlassen. Mein Bauchgefühl sagte mir, dass er unter freiem Himmel schläft. Das hätte ich auch tun sollen! Jörg hatte frische Luft, die Sterne am Himmel und die Mondsichel am Firmament. Ich dagegen hörte mir von acht Pilgern das Schnarchkonzert an und nahm die schlechte Luft in Kauf.

Ich dusele bis in die frühen Morgenstunden vor mich hin und warte bis es hell wird. Dann schnappe ich meine sieben Sachen und husche leise aus dem Raum.

An der frischen Luft atme ich erst einmal tief durch. Jörg und noch ein anderes Pilgerpärchen haben es sich hier draußen gemütlich gemacht. Die drei schleppten in der Nacht ihre Matratzen nach draußen und richteten sich auf dem überdachten Podest an der Kirche ein. Von dieser Aktion hatte ich nichts mitbekommen. Das muss passiert sein, als mich der Schlaf doch für kurze Zeit übermannte. Jörg ist putzmunter, ich bin unausgeschlafen und mies gelaunt.

Nachdem mein Sohn seine Sachen im Rucksack verstaut hat, suchen wir im Ort eine kleine Bar auf, um zu frühstücken. Nach einem kräftigen Schluck des aromatischen Kaffees und einem leckeren Toastbrot geht es mir schon viel besser. Wir halten uns nicht lange auf. Wir wollen die morgendliche Kühle nutzen, bevor die Sonne sich wieder entschließt, ihre heißen Strahlen auf die Erde zu schicken.

Auf einem kleinen Umweg nach Cirueña halten wir noch einmal in einem kleinen Bistro an. Ich genehmige mir einen „Cafè americano" mit Amaretto, er schmeckt super lecker. Ich werde ihn, wenn ich wieder zu Hause bin, auch machen. Jörg trinkt einen „Cafè sin leche". Nach einem kurzen Schwätzchen mit Ricardo aus der Schweiz, der mir übrigens den Tipp für den Kaffee mit Amaretto gab, geht unser Weg weiter in Richtung Santo Domingo de la Calzada. Was für ein romantischer und vielversprechender Name. Ich bin sehr gespannt auf diesen Ort.

Von meiner miesen Laune ist nichts mehr zu spüren, ich bin wieder fit. Es geht jetzt zwar immer bergauf und bergab, aber die weiten Felder mit den herrlichen roten Mohn– und blauen Kornblumen lassen mich diese kleinen Schwierigkeiten vollkommen vergessen. Ich genieße die warmen Sonnenstrahlen. Meine Beine laufen auch gut. Meinen „Braunen" spüre ich kaum noch, besser kann es gar nicht sein. „Ultreia, Ultreia, Christel!" Das ist der Schlachtruf der Pilger und bedeutet so viel wie: „Immer weiter, immer weiter!"

Wir kommen am Domplatz in Santo Domingo de la Calzada an und machen an diesem schönen Fleckchen eine Mittagspause. Ich bewundere die Kathedrale, die dem heiligen Domingo gewidmet ist. Er errichtete hier im Mittelalter ein Pilgerhospital und eine Pilgerherberge.

Auf dem Platz bemerke ich eine lustige Figur aus Metall. Wenn man den Kopf durch das Loch unter dem Metallhut steckt, ist man ein Pilger mit zwei berühmten Hühnern.

In der gotisch – romanischen Kathedrale gibt es dazu eine Kuriosität. In einem goldenen Käfig leben dort ein weißer Hahn und eine weiße Henne. Der Legende nach soll sich folgendes zugetragen haben:

Ein Ehepaar war mit dem Sohn auf Pilgerreise nach Santiago und übernachtete in einem Wirtshaus in Santo Domingo de la Calzada. Die Wirtstochter verliebte sich in den Sohn, aber der wollte nichts von ihr wissen und zog am nächsten Tag mit seinen Eltern weiter. Das beleidigte Mädchen steckte heimlich einen silbernen Becher in das Gepäck des Jungen und zeigte ihn dann wegen Diebstahls an. Der Becher wurde entdeckt und der Junge zum Tod durch Erhängen verurteilt. Als die Eltern nach Vollstreckung des Urteils noch einmal zum Baum gingen, an dem ihr Sohn hing, stellten sie fest, dass er noch lebte, denn Santo Domingo stützte ihn an seinen Beinen. Das Ehepaar begab sich also zum Richter, um ihm von dem Wunder zu berichten, das ja die Unschuld des Jungen bewies. Der Richter saß gerade am Mittagstisch und sagte:

„Euer Sohn ist genau so schuldig, wie meine Hühnchen tot sind!"

Kaum ausgesprochen, flatterte das Federvieh vom Teller des Richters fröhlich davon.

Seitdem werden in der Kathedrale abwechselnd ein weißer Hahn und eine weiße Henne in einem goldenen Käfig gehalten. Das ist übrigens die bekannteste Legende auf dem Jakobsweg, ob sie wahr ist, sei dahin gestellt. Außerdem heißt es noch: Wenn man die Kathedrale betritt und der Hahn kräht, wird die Pilgerreise nach Santiago de Compostela glücklich verlaufen. Na ja, ein bisschen Aberglaube kann ja nicht schaden.

Am Domplatz kommen wir mit Pablo ins Gespräch. Er erzählt uns, dass er schon einige Zeit mit Phillip aus Deutschland unterwegs ist. Dieser ist vor Wochen ohne einen Pfennig Geld auf den Jakobsweg gegangen.

„Das gibt es nicht", sage ich.

„Doch! Er bietet in den Herbergen seine Dienste an und bekommt dafür Unterkunft und Essen", antwortet Pablo.

Ich bin sprachlos. Ohne Geld in der Tasche? Nein, das ist für mich unvorstellbar.

„Wo ist Phillip? Ich würde ihn gern kennenlernen!"

„Phillip ist schon weiter gezogen", erzählt uns Pablo. „Er war sehr enttäuscht, weil er keinen Einlass in die Kathedrale erhielt. Er konnte die 2,50 € Eintritt nicht zahlen."

"Das ist nicht wahr. Kein Mensch hätte bemerkt, dass hier jemand kostenlos das Heiligtum besuchen will", sage ich.

Jörg und ich besuchen die Kathedrale nicht. Wir hätten gern Phillip die 5 Euro Eintrittsgeld in die Hand gedrückt.

Nach dieser kurzen Stippvisite verlassen wir den Ort über den Fluss Oja. Das Wasser ist ganz klar, man könnte sich darin spiegeln. So stelle ich mir auch den Atlantik vor, den ich nach 1000 Kilometern Laufen erreichen will.

Bis dahin ist es noch ein langer, langer Weg.

Heute fällt mir auf, dass ich seit geraumer Zeit keinen Vogel mehr zwitschern hörte. Seit wir die Region La Rioja betraten, vermisse ich die vertrauten Töne der fröhlichen Frühaufsteher.

Zu Hause werde ich jeden Morgen gegen vier Uhr von einer Amsel geweckt, die auf einem Lichtmast gegenüber meines Schlafzimmers sitzt. Sie zwitschert fröhlich vor sich hin. Anfangs wünschte ich mir immer, sie möge ihren Schnabel halten. Mit der Zeit gewöhnte ich mich an ihren fröhlichen Morgengruß und wurde stutzig, wenn sie mal nicht sang. Das kam aber sehr selten vor. Ach ja, zwei kleine weiße Schmetterlinge habe ich heute auch noch entdeckt.Sie flogen vor mir her. Ob es die Hitze ist, die alle Lebewesen, außer uns Pilgern, aus der Natur vertreibt?

Wir erreichen eine kleine Anhöhe und erblicken den Kirchturm von Grañon. Unsere Herberge befindet sich in der Kirche. Über eine Wendeltreppe steigen wir nach oben.

Ein Schild mit der Aufschrift „BOTAS" macht mich darauf aufmerksam, an dieser Stelle meine Wanderschuhe auszuziehen. Ein Blick auf die Treppenstufen und ich sehe rote, braune, schwarze und graue Wanderschuhe in Reih und Glied stehen.

Ein Lächeln huscht über mein Gesicht. Jedes Paar Schuhe kann sicher viele Geschichten erzählen. Wie der Träger sich über die Berge quält, was er auf dem langen Weg alles so erlebt hat, welche Freundschaften er geschlossen hat und warum er diesen Weg geht. Auch meine Wanderschuhe können jetzt nach 300 Kilometern schon viel über Freundschaften erzählen, die ich geschlossen habe, über glückliche und unglückliche Momente, über die Refugios, in denen ich so manche ruhige, aber auch unruhige Nacht verbrachte, über die unbeschreibliche Bergwelt und die blühenden Landschaften, über die vielen Störche auf den Kirchtürmen und über mein stolzes Gefühl, welches ich nach jeder erfolgreichen Etappe spüre.

„Hola! Usted está finalmente aquí!", begrüßt uns Monica, die Hospitalera, ganz herzlich. „Sentarse, tendrá una ganancia!" (Setzt euch, ihr bekommt gleich eine Stärkung!)

Monica serviert uns Hühnchen, Kartoffeln und eine Portion Eis. Köstlich! Trotz Überfüllung bekommen Jörg und ich auch noch einen Platz zum Schlafen. Paolo aus Brasilien räumt für mich seinen Schlafplatz unter dem Dach und zieht mit Jörg in den Kirchstuhl. So ist das auf dem Jakobsweg, da hilft jeder jedem.

Um 19 Uhr besuchen wir die Pilgermesse. Der Pfarrer segnet alle Pilger und betet für einen guten Weg. Für mich sind diese Messen stets ein besonderer Augenblick, denn ich fühle mich danach immer gestärkt und ermutigt, den Weg weiter zu gehen.

Wir kehren in die Herberge zurück. Dort beginnt ein emsiges Treiben. Für 57 Pilger aus aller Herren Länder werden Tische zusammengestellt und Stühle hervorgeholt. In der Küche dampft und brodelt es. An den langen Tischen stehen wir Pilger und schnippeln und schälen Gurken, Tomaten, Salat und Paprika. Alle helfen mit, das Essen vorzubereiten.

Neben mir schnippelt ein Spanier eine grüne Paprika, ich bin mit einer roten beschäftigt. Ich bemerke, dass er immer zu mir herüberschielt und auf meinen Teller schaut. Ich werde verlegen und denke: `Mache ich was falsch?´ Ich sehe ihn fragend an.

"Usted necesita para cortar las piezas más pequeñas!", sagt er zu mir.

Ich verstehe nur Bahnhof. Ich muss ihn wohl sehr blöd angeschaut haben. Jedenfalls beginnt er laut zu lachen und zeigt mir anschließend, wie ich die Paprika schneiden muss.

"Ach so", lache ich. "Ich muss die Stücke kleiner schneiden!"

Gesagt, getan! Der Spanier zeigt mir den hochgehaltenen Daumen. Na toll, so kann man auch belohnt werden!

Dann ist es endlich soweit. Auf der langen Tafel werden Schüsseln mit duftendem Reis und Schüsseln mit schmackhaftem Salat, zu dem ich letztendlich mit meinen kleingeschnittenen Paprikastücken auch beigetragen habe, verteilt. Als Nachspeise wird Milchreis gereicht. Na, und man kann sich denken, dass bei dieser fröhlichen Gesellschaft der Rotwein reichlich fließt. Die Karaffen werden immer wieder nachgefüllt. Ich genehmige mir, nachdem ich in Azofra ja auf den Geschmack gekommen bin, auch einige Gläschen von diesem süffigen Getränk.

Alle sind froh gelaunt. Gesprächsfetzen in unterschiedlichen Sprachen füllen den Raum und ich bin glücklich. Der anstrengende Weg heute ist vergessen und morgen ist wieder ein neuer Tag. Die jungen Leute haben sich noch viel zu erzählen und sitzen später bei fröhlicher Gitarrenmusik zusammen.

Ich bin ein bisschen angeschwipst und ziehe mich zurück. Ich krieche in meinen Schlafsack und das leise Gemurmel und die einfühlsamen Klänge der Gitarre bringen mich schnell ins Reich der Träume.

12. Tag

Grañon - Belorado

So gut wie heute Nacht habe ich lange nicht geschlafen. Ich schaue aus dem Dachfenster. Die Sonne strahlt schon. Es wird ein schöner Tag werden. Froh gelaunt erledige ich meine Morgentoilette. Danach packe ich meinen Rucksack und summe leise vor mich hin.

Jörg taucht im Schlafsaal auf. Er bemerkt meine gute Laune und fragt: „Was ist denn mit dir heute los?"

„Schau aus dem Fenster, die Sonne lacht. Ich bin erholt und ausgeschlafen und freue mich auf die heutige Etappe!"

Jörg schüttelt nur den Kopf, aber ich entdecke ein verschmitztes Lächeln auf seinem Gesicht.

Gemeinsam gehen wir in den Aufenthaltsraum zum Frühstück. Wir sind wieder mal die Letzten. Fast alle Pilger haben die Herberge schon verlassen.

Monica und Maria sind schon beim Aufräumen und Putzen, denn um elf Uhr klopfen die nächsten Pilger an die Tür. Also sputen wir uns, füllen die Spendenkasse mit einem kleinen Obolus und machen noch ein Erinnerungsfoto mit den beiden. Dann heißt es zum wiederholten Male: Abschied nehmen von guten Freunden.

Es ist neun Uhr, als wir das Refugio verlassen. Ich werfe einen Blick auf das Thermometer. Es zeigt 20° C an. Super Wanderwetter! In der Kühle des Morgens zu laufen ist erquickend.

Ich habe keine Probleme mit den Beinen, sie laufen von alleine. Meine Schultern haben sich an meinen „Braunen" gewöhnt und somit fühle ich mich rundum wohl. Soweit mein Auge reicht, sehe ich riesengroße, goldfarbene Weizenfelder. In der Ferne erblicke ich Hügel, die durch das Sonnenlicht orangefarben leuchten. Eine traumhaft schöne Landschaft.

Wir sind ca. 2 Kilometer gelaufen, als wir eine große Informationstafel erreichen. Hier erfahren wir, dass wir das Gebiet der La Rioja verlassen und nach Kastilien kommen. Hurra! Wir betreten die dritte Region unserer Pilgerreise. Nie im Traum hätte ich gedacht, dass ich diesen Weg schaffe.

Wir sind jetzt schon über 300 Kilometer gelaufen. Wahnsinn! Wenn ich auf die ersten Etappen meiner Reise zurückschaue, wo ich manchmal dachte: `Hoffentlich überstehst du den Tag und erreichst dein Ziel ohne Komplikationen!´, bin ich heute einfach nur stolz. Ich habe nie aufgegeben und mich immer wieder aufs neue motiviert.

Auch die kurzen Strecken, die ich ab und zu allein laufe, gefallen mir jetzt. Trotzdem fällt mir dies noch sehr schwer. Das liegt zum Teil daran, dass ich sehr unsicher bin. Ich habe einfach Angst, die Zeichen zu übersehen und mich ohne Begleitung zu verlaufen. Doch ich versuche es immer wieder, um mein Selbstvertrauen zu stärken.

Wir erreichen Castildelgado und kommen an einem Bäcker vorbei. Zu Hause kann ich selten an so einem Laden vorbeigehen. Der frische Duft von Brot und Kuchen sind doch sehr verlockend. Und schon betrete ich das Geschäft, gefolgt von Jörg.

Die Bäckersfrau lächelt uns an. Ich versuche wieder einmal mein bisschen Spanisch anzuwenden und sage stockend:

„Dos Schokocroissants por favor!"

Die nette alte Dame freut sich und wickelt zwei Croissants in Papier ein. Sie wünscht ein "Buen apetito!" und ruft uns noch hinterher:

"Buen camino!"

Ich kann gar nicht schnell genug in das Croissant beißen. Ab und zu muss man sich so auch mal etwas leisten. Ich bin sowieso so ein Süßmaul.

Der weitere Weg führt uns an lilafarben blühenden Mohnfeldern vorbei. Jetzt ist es kein roter Klatschmohn mehr. So schnell verändert sich das Landschaftsbild.

Es ist ein bezaubernder Anblick, der uns bis ins Dörfchen Viloria begleitet. Hier wurde im 11. Jahrhundert der heilige Domingo geboren. Er gründete später den Ort Santo Domingo de la Calzada, durch den wir vor zwei Tagen gelaufen sind.

Auf den nächsten 5,4 Kilometern ist von den lilafarbenen Mohnfeldern nichts mehr zu sehen. Jetzt laufen wir entlang einer Schnellstraße. Die Brummis donnern an uns vorbei. Das nervt und macht das Laufen bei diesem Lärm, dem Gestank und der Hitze nicht gerade leicht. Da muss man schon schwer kämpfen. Solche Abschnitte hasse ich. Wenn ich sie dann aber verlasse und wieder in die fantastische Landschaft eintauche, ist meine miese Laune wie weggeblasen.

Am späten Nachmittag kommen wir in Belorado an. Das erste, was ich entdecke, sind fünf Storchennester auf einem Kirchturm. In einem werden gerade die jungen Störche von ihrer Mutter gefüttert. Hier in Kastilien sind die Störche zu Hause. Auf jedem Turm, auf jedem höheren Mast nisten sie. In meinem ganzen Leben habe ich noch nie so viele Störche gesehen.

In der Albergue „Cuarto Cantones" checken wir ein. In einem weiträumigen Raum im rustikalen Dachstuhl beziehen wir unsere Betten. Nach dem Duschen und Wäsche waschen sonne ich mich im Garten. Ich sitze am Pool und halte meine Füße ins kühle Nass, das ist Erholung pur.

Die Sonne wärmt noch und meine Gedanken wandern wieder mal nach Hause. An so einem schönen Tag bin ich meistens im Wald unterwegs oder ich genieße die Ruhe bei leiser Musik und einem guten Buch auf meinem Balkon im achten Stock.

Den Abend verbringen Jörg und ich in einer Bar. Wir lassen uns ein deftiges Pilgermenü schmecken, trinken von dem köstlichen Rotwein und tauschen noch einmal Gedanken über den heutigen Weg aus.

Jörg erfährt, dass heute Abend hier in der Bar ein wichtiges Fußballspiel übertragen wird. Er und noch weitere Pilger aus unserer Herberge möchten das Spiel unbedingt sehen. Da aber die Herberge 22 Uhr schließt, wird es problematisch. Wie kommen die Männer wieder in ihre Unterkunft?

Die Hospitalera lässt sich überreden, die Tür bis zum Ende des Spiels offen zu lassen. Die Fußballfans müssen ihr aber versprechen, sofort nach Spielende in die Herberge zurückzukehren. Da ist nichts mit einem „Cerveza" oder einem „Vino tinto"! Da heißt es: ab in den Schlafsack!

13. Tag

Belorado - Villafranca Montes de Oca

Ich habe gestern Abend noch in meinem Tagebuch geschrieben. Die Männer habe ich nicht mehr kommen hören.

Ausgeruht und erholt stehe ich am Morgen auf, erledige wie jeden Tag mein morgendliches Ritual und laufe in die geräumige Küche. Ich brühe uns einen Kaffee auf und lege Käse und Brot auf den Tisch. Inzwischen ist auch Jörg aufgestanden und wir frühstücken gemeinsam.

Ich schaue noch mal in unseren schlauen Reiseführer und überfliege rasch die heutige Strecke. Sie ist nur 12,5 Kilometer lang, aber wir müssen auch einen Anstieg von etwa 200 m Höhenunterschied in Kauf nehmen. Gegen acht Uhr sind wir dann wieder auf dem Weg. Es ist einfach besser, etwas zeitiger loszulaufen. Da knallt die Sonne noch nicht so sehr und man kommt viel flotter voran.

Als wir den Fluss Tirón über eine Brücke überqueren, kommen wir in ein Tal mit einem zauberhaften Blick in die unendlich weite grüne Landschaft. Im Hintergrund erblicke ich die Berge und die Windräder, die uns begleiten. Ja, diese Räder begleiten uns wirklich. Sie kommen immer wieder in weiter Ferne zum Vorschein.

In Tosantos machen wir noch einmal eine kurze Verschnaufpause. Ich nehme einen kräftigen Schluck aus meiner Trinkflasche und atme tief durch, denn nun geht es auf einer steilen, steinigen Piste bis zum nächsten Ort hinauf. Inzwischen ist es auch ganz schön warm geworden und der steile Anstieg wird wieder alles von mir abverlangen. Also: „Ultreya, Pilgerin!"

Ich komme ganz schön ins Schwitzen. Ich habe Durst. Mein Mund ist ganz trocken. Jetzt die Trinkflasche zu ziehen wäre Blödsinn. Das würde mich total aus meinem Laufrhythmus bringen. Also schnaufe ich weiter bis ich oben ankomme.

„Wir machen eine kleine Pause, Mutti!", sagt Jörg.

Ich kann ihm nur zustimmen, lege schnell den "Braunen" ab, setze mich und habe schon mein liebstes Stück, meine Trinkflasche, in der Hand. Ich schmecke das kühle Nass in meinem ausgetrockneten Mund. Es ist so erfrischend und wohltuend, und nun kann es weitergehen.

Wir folgen dem Jakobsweg über eine Brücke an einem Brunnen vorbei. Leider können wir hier unsere Wasserration nicht nachfüllen. Der Brunnen gibt kein Trinkwasser her. Hier kann man bestenfalls die Füße reinhalten oder das Gesicht erfrischen.

Jörg macht das auch. Er nimmt eine Hand voll Wasser und schüttet es über seinen kurz geschorenen Haarschopf. Für mich kommt das nicht in

Frage. Da würde ich ja aussehen wie eine gebadete Maus. Nein, das möchte ich nicht. Auf einer Schotterpiste laufe ich also mit trockenem Haar weitere 3,5 Kilometer nach oben.

Aber nun kommt es noch schlimmer. Bis nach Villafranca Montes de Oca müssen wir entlang der stark befahrenen N-120 laufen, einen anderen Weg gibt es nicht. Das bereitet mir wahrlich kein Vergnügen und hinterher bin ich immer total gestresst und mies gelaunt.

In Villafranca Montes de Oca bekommen wir in der Gemeindeherberge eine Unterkunft. Wir richten uns ein. Ich gehe duschen, und siehe da, die Strapazen des heutigen Tages sind schon vergessen.

„Weißt du was Jörg, wir suchen uns jetzt ein ruhiges Fleckchen und machen ein kleines Picknick. Wir haben noch Brot, Käse und die leckeren Kirschen, die wir unterwegs gepflückt haben. Das lassen wir uns jetzt mal richtig gut schmecken!" Gesagt, getan!

Danach bummeln wir gestärkt und zufrieden durch den kleinen Ort. Es gibt hier nicht viel zu sehen. Eine kleine Kirche, kleine graue Häuser und eine kleine Tienda. Hier besorgen wir uns für den morgigen Tag noch unsere Wegverpflegung. Dann marschieren wir in die Herberge zurück, kochen uns einen Tee und essen ein wenig von unserem Vorrat.

Frank gesellt sich zu uns. Während unseres Gesprächs stelle ich fest, dass wir beide etwas gemeinsam haben: Frank ist Sozialpädagoge und unterrichtet in Schulen für angehende Kindergärtnerinnen und hält Seminare an Volkshochschulen. Na und ich war Lehrerin mit Leib und Seele.

Wir kommen ins Plaudern. Ich bin neugierig geworden und möchte mehr über Franks Arbeit wissen. Natürlich muss ich auch aus meinem Nähkästchen plaudern und gebe so manch lustige Story preis, die ich mit meinen Schülern erlebte. Es wird ein schöner und lustiger Abend. Mit einem kleinen gemeinsamen Abendspaziergang beenden wir drei unseren heutigen Tag.

„Buenas noches!"

14. Tag

Villafranca Montes de Oca - Argés

Heute Morgen werde ich durch das Rascheln und Knistern von Plastiktüten und dem grellen Licht der entsetzlichen „Grubenlampen" sehr zeitig geweckt.

Ich verstehe immer noch nicht, warum einige Pilger so früh loslaufen. Manche sind schon auf dem Weg, da ist es draußen noch stockdunkel. Wie finden die da nur den Weg? Straßenlampen stehen ja nicht am Wegesrand. Für mich ist das unbegreiflich. Jörg und ich haben das bisher nicht ein einziges Mal gemacht. Unsere Startzeit ist meistens so gegen acht Uhr. Auch heute drehe ich mich noch einmal um, obwohl an Schlaf nicht mehr zu denken ist. Ich beobachte, wie ein Pilger nach dem anderen hurtigen Schrittes den Saal verlässt.

Ruhe kehrt wieder ein. Langsam wird es draußen hell. Ich krieche aus meinem Schlafsack. Über mir regt sich auch was. Jörg lugt herunter und fragt:

„Wie spät ist es?"

„Sieben Uhr", antworte ich.

Jörg stöhnt, denn er ist kein Frühaufsteher. Er versteht dieses zeitige Rumoren der Nachtpilger genau so wenig wie ich.

Nach meiner Morgentoilette packe ich in aller Ruhe meinen „braunen Weggefährten". Am Abend nehme ich immer meine wenigen Kleidungsstücke aus dem Rucksack zum Lüften heraus. Morgens ist dann immer ein neues Packen angesagt.

In der Küche trinken Jörg und ich einen frisch gebrühten Kaffee und essen ein paar Kekse, bevor wir uns zum Aufbruch rüsten. Das ist dann wieder so gegen acht Uhr. Wir sind heute wirklich die Allerletzten.

Der azurblaue Himmel empfängt uns vor der Tür. Kleine Schäfchenwolken ziehen vorbei und die Sonne ist auch schon hinter den Bergen hervorgekrochen. Ich freue mich auf den Weg.

Vorbei an der kleinen Kirche, steigen wir erst mal etwa 300 Meter steil bergauf bis zu einem Rastplatz. Kurze Pause! Dann geht es weiter durch die Montes de Oca, die sogenannten Gänseberge. Warum man von Gänsebergen spricht, weiß ich nicht. Von dem Gefieder ist weit und breit nichts zu sehen, geschweige denn ihr Geschnatter zu hören.

Auf dem Plateau eben dieser Gänseberge kommt uns strahlend Kurt entgegen. Wir plaudern ein wenig und dann geht jeder wieder seiner Wege. So ist das eben auf dem Jakobsweg, ein ständiges Wiedersehen und Verabschieden.

58

Es ist wärmer geworden. Der Weg ist jetzt relativ eben und nicht anstrengend. Nach dem Denkmal für die im Bürgerkrieg erschossenen Republikaner laufen wir immer leicht bergab bis nach San Juan de Ortega, wo der schöne Platz vor der Kirche uns zum Rasten einlädt.

Mit Schrecken stelle ich fest, dass unsere Verpflegungstüte nicht mehr an Jörgs Rucksack hängt.

„Hast du unsere Wegverpflegung heute im Rucksack verstaut?", frage ich Jörg.

„Nein! Warum?"

„Weil ich sie nicht sehe!"

Oh je!

Dann fällt es mir wie Schuppen von den Augen und ich sage nur:

„Die Pilger in Villafranca werden sich freuen. Unsere Fressalien liegen dort im Kühlschrank."

„Na, super!", antwortet Jörg.

"Macht nichts! Wir haben ja noch unsere bittere Schokolade."

Genüsslich knabbern wir an unserem kleinen Stückchen Schokolade, nehmen noch einen kräftigen Schluck Wasser und unsere Mägen sind beruhigt.

Aus der Kirche kommt ein Pilger. Ich traue meinen Augen nicht! Es ist

Paolo aus Brasilien! Ihn habe ich hier am allerwenigsten vermutet. Er kommt freudestrahlend auf uns zu.

„Hello! I am glad to see you!", begrüßt er uns.

Ein kurzes Schwätzchen und schon ist er wieder auf und davon. Mein Bauchgefühl sagt mir: wir werden ihn noch einmal treffen.

Jörg und ich gehen nun auch in die Kirche San Juan de Ortega. Die Legende erzählt, dass Juan de Ortega sein ganzes Leben seine Fürsorge den Pilgern gewidmet hat. Im 12. Jahrhundert errichtete er hier ein Kloster, das im 15. Jahrhundert im gotischen Stil erneuert wurde. Sehenswert in der Krypta ist das Grabmal des heiligen Juan de Ortega sowie die Apsis. Das ist eine halbrunde Altarnische mit einer Halbkuppel. Ich bin immer wieder überrascht von den herrlich bunten Mosaikfenstern und den prunkvollen Altaren. Die Momente der Ruhe und der Stille ziehen mich immer wieder in die Gotteshäuser.

Wir verlassen den Ort und kommen wieder in eine traumhaft schöne Landschaft. Ich genieße die Ruhe im grünen Wald. Ich bewundere die bunten Blumenhänge am Rande des Weges und bleibe an einer Koppel mit saftigem grünen Gras stehen. Hier grasen zwei Pferde und fühlen sich pudelwohl. Heute Nacht hat es geregnet und das tut der ausgetrockneten Erde sehr gut.

Die Sonne strahlt. Es ist noch nicht so heiß und es lässt sich noch wunderbar laufen. Eine unendliche Weite breitet sich vor uns aus und urplötzlich, wie aus dem Nichts, taucht in der Ferne die Kirchturmspitze von Agés auf, unserem heutigen Ziel.

Die Herberge „Al Pajar de Agés" ist ein neues, mit viel Holz renoviertes Haus. Wir bekommen zwei Betten in einem 4-Bett-Zimmer.

Agés ist ein hübsches Dorf mit bunten Fachwerkhäusern und einer schönen Kirche, auf der die Störche ihre Nester gebaut haben. Und es gibt auch eine kleine Tienda, die zum Verweilen einlädt.

Am Beginn des Dorfes fiel uns ein hübsches Restaurant auf. Dorthin laufen wir jetzt. Ich habe heute mal so richtigen Appetit auf ein Stück Kuchen. Leider weiß ich nicht, wie ich das auf Spanisch ausdrücken soll.

Als die Señora kommt, bestelle ich zwei „Cafè sin leche" und versuche ihr zu erklären, dass ich gern ein Stück Kuchen essen würde. Ich versuche es mit Händen und Füßen und weiß nicht, ob sie mich verstanden hat. Jedenfalls eilt sie lächelnd davon.

Ich denke: `Na, was kommt jetzt?´, und bin sehr überrascht, als die Señora mit einem freundlichen Lächeln Sahne und Ahorn- und Erdbeersirup auf den Tisch stellt.

„La torta es la misma", sagt sie.

Ich verstehe wieder mal Bahnhof. Das einzige Wort, welches ich deuten kann ist torta, denn bei mir fällt der Groschen. Na klar, Kuchen heißt torta! Das Wort habe ich schon oft beim Bäcker gehört.

Und dann die große Überraschung! Auf einem großen Teller serviert mir die kleine nette Frau drei frisch gebackene Eierkuchen. Ich strahle vor Glück und kann nur immer wieder „Gracias, gracias, Señora!" sagen. Sie freut sich sehr und wünscht mir ein „Buen apetito!"

Ich streiche Ahorn- und Erdbeersirup auf die Eierkuchen, dazu einen Klecks Sahne. Es schmeckt köstlich. Jörg bekommt natürlich auch etwas ab. Er leckt sich alle zehn Finger.

„Das war doch eine gute Idee, dass wir hier eingekehrt sind, oder?", fragt mich Jörg. „Ohne Zweifel", ist meine Antwort.

Auf dem Rückweg in die Albergue schauen wir noch schnell in der Tienda vorbei. Das ist so ein richtiger „Tante-Emma-Laden". Hier findet man alles was das Herz begehrt. In Regalen tummeln sich Souvenirs, T-Shirts, Lebensmittel, Getränke und vieles mehr. Auf einem kleinen Podest, etwas abseits vom Geschäftsbereich, laden kleine Tische und Klappstühle zum Verweilen ein. Hier entdecke ich auch Frank. Er genießt bei einem Glas Rotwein und leiser Jazzmusik die nette Atmosphäre. Er sieht uns nicht und wir wollen ihn auch nicht stören.

Jörg und ich überlegen, wo wir den Abend verbringen wollen. Wir sind beide der Meinung, dass wir noch einmal die nette Señora vom Nachmittag aufsuchen werden.

Die nächsten zwei Stunden verbringe ich mit meinen Eintragungen ins blaue Büchlein, bevor wir uns wieder auf den Weg ins Restaurant begeben.

Am Himmel braut sich was zusammen. Dicke Gewitterwolken ziehen auf. Wir müssen uns also beeilen, wenn wir nicht nass werden wollen. Wir haben gerade das Restaurant erreicht, als der Himmel seine Schleusen öffnet. Es gießt in Strömen, blitzt und donnert aus allen Kanonen. Wir sind froh, dass wir im Trockenen sitzen.

Die Señora freut sich über unseren Besuch und weist uns einen Platz im vollbesetzten Restaurant zu. Ein Sprachgewirr dringt an meine Ohren. Ich fühle mich glücklich und zufrieden und bestelle ein Pilgermenü.

Heute Abend lernen wir auch Norbert aus Hamburg kennen, der sich zu uns gesellt und ebenfalls ein Pilgermenü essen will. Wir bekommen einen köstlichen Salat kredenzt. Er könnte glatt von mir sein. Mein Salat, den ich mir abends immer zu Hause bereite, schmeckt auch so gut. Zu der köstlichen Vorspeise bekommen wir noch eine sehr gute Paella. Wenn ich da an die Paella in Pamplona denke, kann ich heute nur sagen: „Fantástico!" Als Abschluss bringt uns die Señora noch eine Banane mit Schlagsahne und Schokosauce.

Die Männer leeren bei angeregten Gesprächen den Liter Rotwein, der auf dem Tisch steht. Norbert ist ein wirklich lustiger Hamburger Junge. Wir haben viel Spaß am Tisch. Ich trinke heute keinen Wein mit. Ich bestelle mir noch einen Pfefferminztee, denn ich habe mich gestern leicht erkältet. Zu später Stunde verlassen wir das Restaurant. Wir verabschieden uns von der Señora. Sie wünscht uns einen guten Weg. Zum Abschied drückt sie mir ein Küsschen auf die Wange und schenkt mir einen Lolli. Diese Frau hat ein großes Herz für Pilger. Wir verabschieden uns auch von Norbert, der im Restaurant übernachtet.

Es ist kühl geworden nach dem Gewitter. Froh gelaunt gehen wir in die Herberge zurück. Ich krieche in meinen Schlafsack und brauche nicht lange bis ich in einen tiefen Schlaf falle.

15. Tag

Argés - Burgos

Ich habe gut geschlafen, trotz meiner leichten Erkältung. In der Herbergs-
küche frühstücken wir und brechen gegen acht Uhr auf; unsere Zeit. Früher wird es nicht, obwohl wir uns das immer vornehmen. Aber um diese
Zeit ist es noch kühl und das Laufen macht auch noch Spaß, bevor die
Sonne ihre Strahlen wieder gnadenlos auf die Erde schickt.

Wir laufen über Atupuerca. Dieser Ort ist weltberühmt als Heimat der ersten Europäer. Am Ortseingang steht auf einem Sockel ein Urmensch. In
den Höhlen der Hügellandschaft fand man auch sehr alte menschliche
Knochen. In dem Museum im Ort erfährt man näheres über diese Zeit.
Wir konnten es leider nicht besichtigen, weil es noch geschlossen war.
Warten wollten wir aber nicht, weil unser Weg heute doch sehr lang und
teilweise auch schwierig wird.

Heute Nacht hat es geregnet. Die steile Piste, die wir jetzt bewältigen
müssen, ist total verschlammt. Anfangs weiche ich den Pfützen immer
noch aus, bis ich merke, dass das Blödsinn ist. Also stapfe ich durch den
rötlichen Schlamm bis auf eine Höhe von 1081 Metern. Das letzte Stück
bis zur Anhöhe schlurfe ich nur noch über den Boden. Ich komme mir vor
wie eine Gefangene, die schwere Eisenkugeln an den Füßen hat. Oben angekommen, befreie ich erst einmal, so gut es geht, meine Wanderschuhe
von den Schlammklumpen.

Auf einem kleinen Hügel steht ein großes Holzkreuz. 2006 soll in dessen
Nähe noch ein Sofa gestanden haben. Als ich das im Reiseführer lese, fange ich laut an zu lachen. Ein Sofa in luftiger Höhe, was für ein Gag. Das
muss schon ein Scherzkeks gewesen sein, der ein Sofa hier hoch schlepp-
te.

Heute kniet ein Mönch am Kreuz und betet laut vor sich hin. Etwas später
treffen wir ihn auf dem Weg wieder und kommen mit ihm ins Gespräch.
Wir erfahren, dass es Johannes aus Görlitz ist. Während Jörg sich mit ihm
unterhält, bleibe ich zurück. Er begleitet Johannes noch ein Stück, dann
bleibt auch er zurück und wartet auf mich.

„Johannes gibt schon ein seltsames Bild ab, wie er da nur mit seiner braunen Mönchskutte bekleidet, einem bunten Regenschirm und einer kleinen
Ledertasche unterm Arm durchs Land zieht", sage ich.

„Er hat mir erzählt, dass er schon einige Monate unterwegs ist und auf die
Almosen der Pilger und der Hospitaleros angewiesen ist, da er keinen
Cent in der Tasche hat", berichtet Jörg.

„Das erinnert mich an Phillip aus Deutschland", antworte ich.

Der Weg geht jetzt wieder steil und steinig bergab, bis auf eine Schotterpiste. Rechts und links des Weges erfreuen mich grüne Wiesen und blühende Sträucher. Leider weiß das Wetter heute nicht so richtig was es will.
Es ist etwas kühl geworden und am Himmel ziehen unruhig wandernde,
graue Wolken vorbei. Es sieht nach Regen aus. Ich denke: `Jetzt bekom-
men wir doch noch was ab.´ Vorsichtshalber stülpe ich meinem „Braunen"
den gelben Regenschutz über. Jetzt leuchtet er wie ein gelber Schmetterling. Es beginnt leicht zu nieseln, aber nur kurz, dann ist alles wieder vorbei. Die Sonne lässt sich heute ausnahmsweise mal nicht blicken.

In Cardeñuela de Rìopio machen wir eine kleine Pause, stärken uns und
stillen unseren Durst, denn jetzt beginnt der kilometerlange Weg durch ein
schreckliches Industriegebiet, durch Vororte mit viel Verkehr und hässlichen Wohnblocks. Da sind die angenehmen Temperaturen eine wahre
Wohltat. Aber als Pilger hat man sich an solche Situationen schon gewöhnt.

Um so mehr fasziniert mich die Altstadt von Burgos. Eine mittelalterliche
Prachtkulisse wie aus einem Film. Ehrfurchtsvoll stehe ich vor der him-
melstürmenden „Catedral de Santa Maria", eine der schönsten Kirchen
Spaniens. 1221 hat man mit dem Bau begonnen und 400 Jahre daran ge-
arbeitet. Sie steht da wie mit Zauberhand gemalt, prachtvoll und majestätisch. Wir werden später etwas mehr Zeit hier verbringen.

Erst einmal suchen wir uns in der neuen städtischen Herberge eine Unterkunft. Sie liegt direkt am Jakobsweg und verfügt über 150 Betten in 6 Schlafsälen. Der Hospitalero drückt uns den Stempel in unseren Pilgerausweis und gibt uns eine Bettnummer.

Mittlerweile habe ich mich an diese riesigen Unterkünfte gewöhnt. Sie verschaffen mir immer ein kleines Spannungsgefühl. Wie wird die Schnarchkulisse sein? Wann werde ich durch das Rascheln und Knistern von Tüten und den „Grubenlampen" geweckt? Sehe ich bekannte Gesichter wieder?

Apropos bekannte Gesichter. Eines strahlt mir schon entgegen als ich den großen Aufenthaltsraum betrete. Es ist Kurt. Ich habe nicht mehr daran geglaubt, ihn noch einmal wiederzusehen. Aber so ist der Camino. Kurt sitzt mit Lars aus Freital und Friedhelm am Tisch. Die Begrüßung ist sehr herzlich.

„Wir sehen uns später, Kurt", sage ich. „Wir wollen erst mal unsere Betten suchen und unter die Dusche huschen!"

Unsere Wanderschuhe stellen wir in einen riesengroßen Schuhschrank. Es gibt einige davon und alle sind nummeriert. In dieser Herberge richtet sich alles nach Nummern aus.

`Mal was ganz Neues´, denke ich und schmunzel.

Nach unserem täglichen Ritual gehen wir in die Stadt. Burgos ist die Stadt mit den meisten historischen Sehenswürdigkeiten.

Man bräuchte einen ganzen Tag, um alle monumentalen Bauten, Museen und Kirchen zu besichtigen. Doch wir haben nur den Nachmittag zur Verfügung. Wir stehen vor der Kathedrale und bestaunen das Bauwerk. Die filigranen Arbeiten erinnern mich an die Kirche in Gent. Bei meinen Reisen nach Belgien besuchte ich diesen Ort und bestaunte ebenso das außergewöhnliche Bauwerk.

Burgos hat auch wundervolle Parkanlagen, in denen man stundenlang verweilen kann. Wir laufen durch das märchenhafte Santa-Maria-Tor und begegnen auf einem großen Platz einem metallener „Pilger" auf einer Bank, der uns zum Fototermin einlädt. Es gäbe noch so viel in dieser Stadt zu sehen. Vielleicht komme ich ja mal wieder nach Burgos, dann bleibe ich sicher einen Tag länger hier.

In einem Restaurant am Fluss essen wir eine gute Pizza.

Es ist kühl geworden und wir gehen in die Herberge zurück. Ich schaue, ob die Internet-Ecke frei ist, denn heute will ich, nach 500 Kilometern, das erste Lebenszeichen von mir in die Heimat senden. Ich teile meinem jüngsten Sohn und meinen Freunden mit, dass es mir gut geht und ich sehr glücklich bin, auf diesem Weg unterwegs zu sein.

Jörg unterhält sich mit Silke, die wir in der „Casa Paderborn" in Pamplona kennenlernten. Man trifft doch immer wieder liebe Bekannte.

Für mich war der Tag lang und ich bin müde. Ich wünsche beiden ein „Buenas noches!" und verschwinde in meinem Schlafsack. Es dauert nicht lange und ich versinke in das Land der Träume.

16. Tag

Burgos - Hornillos del Camino

Es raschelt und knistert schon sehr zeitig. Die ersten Pilger verlassen den Schlafsaal. Wir haben Zeit, wie immer. Ich dusele so vor mich hin und freue mich auf den heutigen Tag.

Nach der Morgenwäsche und einem kleinen Frühstück hole ich meine Wanderschuhe aus dem riesigen Schuhschrank und rüste mich für den heutigen Weg.

Gestern haben wir Kurt nicht mehr getroffen, aber heute Morgen steht er mit Friedhelm vor der Herberge und wir können uns von ihnen verabschieden. Sie wollen noch einen Tag in Burgos bleiben. Noch ein Foto mit beiden und dann geht es für uns weiter in Richtung Tardajos.

Der Morgen ist noch frisch. Zaghafte Sonnenstrahlen brechen durch die Wolken. Der Tag scheint wieder schön zu werden.

Wir verlassen die Stadt durch einen wunderschönen Park. Auf einer Brücke überqueren wir den Fluss Arlanzòn. Unseren Weg säumen Sträucher und Bäume, deren Blätter leise im Wind rauschen. Es klingt wie eine leise Melodie. Wenn wir die Meseta erreichen, soll sich aber diese traumhaft schöne Gegend ändern.

Ein ganzes Stück vor uns läuft ein Pilger, der mir sehr bekannt vorkommt. Mit seinem großen Pilgerhut, dem roten Wanderrucksack und den schwingenden Wanderstöcken hat er einen flotten Schritt drauf.

„Da vorn läuft Frank", sage ich zu Jörg.

Wir erhöhen unser Tempo und holen ihn ein.

„Hola, Frank" ,begrüßen wir ihn freudestrahlend.

Er freut sich auch uns zu sehen. Gemeinsam laufen wir weiter nach Tardajos. Dort kehren wir in der Bar „Ruiz" ein. Wenn du denkst, du bist am frühen Morgen allein in diesem verschlafenen Dörfchen, dann täuschst du dich gewaltig. Agnes, Gregor, Helga und Christina hängen hier schon herum und trinken einen „Cafe con leche". Wir gesellen uns zu ihnen und plaudern über die Erlebnisse der letzten Tage.

Ich bestelle mir auch mein Lieblingsgetränk, einen „Cafe sin leche". Jörg und Frank laben sich an einem kühlen Glas „Cerveza". Diese kleinen Pausen unterwegs müssen sein, da sammelt man Kraft für den weiteren Weg.

Dieser führt uns nun nach Rabè de las Calzadas, ein winziges, mittelalterliches Dörfchen mit einer kleinen Kapelle.

Hier nun beginnt die Meseta, eine 800 bis 1000 Meter hoch gelegene Ebene. Hier wächst kaum ein Baum, geschweige denn ein Strauch. In dieser Einöde verliert man vollkommen das Zeitgefühl, die Stunden scheinen endlos zu werden. Mein inneres Gefühl sagt mir, dass ich es auf den kommenden Etappen schwer haben werde. Na, mal sehen, oft kommt es anders als man denkt.

Heute haben wir Glück, denn das Thermometer zeigt knappe 20° C an. Eine hervorragende Temperatur, um durch diese eintönige Hügellandschaft zu laufen. Ich stelle mir gerade vor, wie es wohl wäre, wenn das Thermometer so an die 30° C anzeigen würde. Bei dem Gedanken allein komme ich schon ins Schwitzen, denn dann würde es hier wie in der Wüste sein. Aber wie heißt es doch so schön: „Glück muss man haben!" Und das haben wir heute.

Frank hat sich inzwischen wieder von uns getrennt und Jörg ist auch zurückgeblieben. Auf dem Jakobsweg bestimmen Rhythmus und Tempo den Lauf der Langzeitpilger.

Ich laufe also allein in dieser Einöde. Vor mir schlängelt sich ein kilometerlanger Weg. Kein Strauch, nicht mal ein kleines Bäumchen ist zu sehen. Also: Keep running!

Ich laufe und laufe und laufe und dann entdecke ich ein schattiges Plätzchen. Ich flitze förmlich zu dieser kleinen Oase, werfe meinen Rucksack ab, greife nach der Trinkflasche und nehme einen kräftigen Schluck Wasser zu mir. Das tut richtig gut. Trotzdem es nicht so heiß ist wie in den letzten Tagen, strengt dieser ausgetrocknete, steinige Weg doch sehr an.

Jörg hat mich inzwischen wieder eingeholt und setzt sich zu mir. Ich bin ganz in Gedanken versunken und sage:

„Ich glaube, die Meseta werde ich nicht lieben lernen!"

Übrigens wird Meseta vom spanischen Wort „mesa" abgeleitet, was soviel wie Tisch, Platte, Ebene heißt.

Der Weg scheint nie enden zu wollen. Und plötzlich, wie aus dem Boden gestampft, taucht eine Kirchturmspitze auf. Ich hatte es schon aufgegeben nach vorn zu schauen, weil ich ja doch nur den ansteigenden, langen Weg gesehen habe. Aber als ich die Kirchturmspitze erblicke, strahlt mein Gesicht und ich rufe laut:

„Hurra! Ich habe es geschafft!"

Im Tal erblicke ich das Dorf Hornillos del Camino, unser heutiges Ziel. Schnell marschiere ich hinunter in den Ort. Jörg habe ich unterwegs wieder mal verloren.

Vor der Bar „Casa Manolo" sitzen Frank, Gregor, Agnes, Silke und Jessica. Sie begrüßen mich mit einem fröhlichen „Hola!"

Alle fragen mich nach Jörg und ich entgegne ihnen:

„Ich habe ihn unterwegs verloren, aber sicher kommt er auch bald an!"

Während wir miteinander plaudern und eine kühle Cola trinken, trudelt Jörg ein.

Wir holen uns unseren Stempel und lassen uns einen Schlafplatz in der Turnhalle geben. Dann treffen wir uns alle auf dem Vorplatz an der Kirche.

Einer von uns kommt auf die grandiose Idee, ein gemeinsames Abendessen zuzubereiten. Alle sind begeistert. Also machen Jörg, Frank, Silke und ich uns auf den Weg in die Tienda. Unser Korb füllt sich mit Wurst, Käse, Obst, Fisch, Wein, Brot, Joghurt und Schokolade.

So bepackt kommen wir in der kleinen Küche an, wo die anderen schon Vorbereitungen getroffen haben. Silke und ich bereiten einen leckeren Obstsalat. Jessica legt Käse und Wurst auf einen Teller. Die anderen Köstlichkeiten werden auf dem Tisch verteilt und dann beginnt das Schmausen.

Alle greifen tüchtig zu. Wir sind eine lustige Runde. Der Rotwein schmeckt und der neueste Camino-Klatsch wird erzählt. Das erinnert mich an zu Hause. Wenn ich da mit meinen Freundinnen zusammenhocke, wird auch über Gott und die Welt getratscht.

Später gesellen sich noch Günther und Petra mit Zwienicke zu uns. Zwienicke ist ein kleines Stoffschweinchen, welches Petra quasi als ihren Begleiter mit auf den Weg genommen hat.

Den Tag beschließe ich mit einem Blick in den rot leuchtenden Abendhimmel. Er erinnert mich an die märchenhafte Kulisse von Dresden, wenn die Kirchtürme dieser fantastischen Stadt im Abendrot versinken. Ich kann dieses Schauspiel oft von meinem Balkon beobachten und bin immer sehr beeindruckt.

17. Tag

Hornillos del Camino - Castrojeriz

Der neue Tag beginnt. Ich habe ganz gut geschlafen. In der Küche koche ich für uns einen Kaffee. Wir essen ein paar Kekse und verlassen gemeinsam mit Frank gegen acht Uhr das kleine Dorf. Ein Stück des Weges laufen wir noch gemeinsam, dann aber findet jeder wieder seinen Laufrhythmus und wir trennen uns.

Ich habe mich heute sowieso entschlossen, die nächsten Kilometer bis San Anton allein zu laufen. Ich will es einfach mal versuchen. Ich will über mich und den bisher gegangenen Weg nachdenken. Dabei stelle ich fest, dass meine Bedenken, die ich zu Beginn der Reise hatte, nach und nach wie ein Kartenhaus zusammenfallen. Ich weiß, dass ich die tausend Kilometer schaffen werde. Ich übernachte in Herbergen mit oft bis zu fünfzig und mehr Betten. Es macht mir Spaß, in den Herbergen viele Leute kennenzulernen und mich mit ihnen auszutauschen. Ich habe meine Scheu vor meinen wenigen Englischkenntnissen verloren. Ich rede einfach mit, egal ob es grammatisch richtig oder falsch ist. Hauptsache man versteht, was ich meine. Ich versuche, meine Ängste, den Weg allein zu laufen, zu überwinden. Man ist auf dem Jakobsweg ja sowieso nie allein. Obwohl manche Etappen doch sehr viel Kraft und Energie abverlangen, freue ich mich jeden Tag auf die neue Strecke.

Eine leichte Brise weht mir um die Ohren und ich frage mich, wo sich all die Leute, die ich auf dem Jakobsweg schon kennenlernte, gerade befinden? Paolo, Cecil, Huanita, Walter, Marie, Norbert, Luic und Corinne? Vielleicht sehe ich einige von ihnen wieder. Ich weiß es nicht. Der Jakobsweg sorgt stets für Überraschungen.

Nach einigen Kilometern merke ich, dass der Weg nicht schön wird. Mir schwirren noch so viele Fragen durch den Kopf, auf die ich keine Antwort finde. Außerdem geht es mir heute nicht besonders gut. Meine Erkältung und ein böser Husten quälen mich. Also beschließe ich, auf Jörg zu warten.

Gemeinsam erreichen wir die Klosterruine „San Anton". Das Kloster geht auf das 12. Jahrhundert zurück und gehörte zum Orden von San Anton. Dieser Heilige machte es sich zur Aufgabe, Pilgern, die an Lepra erkrankt waren, zu heilen. Wenn man durch den Torbogen in der Nordvorhalle geht, erkennt man rechts zwei Einbuchtungen. Diese dienten dazu, den Pilgern Essen zu reichen. Heute befindet sich in dieser Ruine eine sehr einfache Pilgerherberge mit 12 Betten, die sich im Aufenthaltsraum hinter einer Mauer verstecken. Den kleinen Raum schmücken Heiligenbilder und kleine Erinnerungsstücke von Pilgern, die hier schon übernachteten. Es gibt kein elektrisches Licht und die Sanitäranlagen stammen aus dem 12. Jahrhundert. Die Herberge ist auf Spenden angewiesen und wird von sehr engagierten Hospitaleras betreut.

Nur wenige Kilometer von der Ruine entfernt erreichen wir Castrojeriz, unser heutiges Ziel. Pilger haben uns erzählt, dass wir in Castrojeriz unbedingt die traditionelle Herberge von Resti aufsuchen müssen. Also machen wir uns auf die Suche nach dieser besonderen Unterkunft. Wir überqueren den Dorfplatz und am Ende stehen wir vor Restis Herberge. Von außen sieht sie nicht viel anders aus als so manch andere Herberge auf dem Jakobsweg. Ich bin also gespannt auf das Innere.
Mit dem üblichen „Hola!" werden wir empfangen. Die Hospitalera drückt einen sehr schönen Stempel in unsere Pilgerpässe. Er zeigt die drei historischen Symbole des Pilgerweges: die Muschel, den Pilgerstab und die Calabaza. Die Calabaza war das Trinkgefäß der Pilger im Mittelalter und sieht wie ein Kürbis aus. Viele Pilger nehmen diese Calabaza als Andenken mit nach Hause.
Ich schaue mich um. Die Räume sind sehr rustikal eingerichtet. An den Wänden entdecke ich viele Bilder, Zeitungsausschnitte und Pilgerandenken. Unter anderem hängt da auch ein Zeitungsartikel mit einem bärtigen Mann im Kreise von Fußballern.
Darüber mache ich mir Gedanken. Ob das Resti ist, der auf dem Jakobs-

weg so bekannt ist wie ein bunter Hund? Er soll sehr rührig sein, aber auch sehr resolut. Am nächsten Morgen werde ich erfahren, wer der bärtige Mann in der Zeitung ist.

Jetzt aber zeigt uns die Hospitalera erst einmal unsere Unterkunft. In einer kleinen, originellen Kabine mit vier Betten richten wir uns ein.

Wir sind noch allein, aber ich stelle mir vor, wenn die anderen zwei Betten noch belegt werden, wird es hier doch sehr, sehr eng werden. Die Luft wird dann sicher sehr knapp, denn das Fenster befindet sich im Gang gegenüber der Kabine. Ich teile meine Bedenken Jörg mit und er denkt genauso. Wir sind nicht ganz so glücklich mit dieser Lösung, aber erst einmal müssen wir uns damit zufrieden geben.

Nach dem Duschen wasche ich die Wanderklamotten und hänge sie zum Trocknen auf die Leine. Da ich sehr neugierig bin, steige ich mal die Treppe, die sich unmittelbar neben unserer Kabine befindet, nach oben. Ich bin überrascht, als ich in einen sehr hellen und luftigen Raum mit Doppelstockbetten und vielen Fenstern gelange. Der Raum ist noch leer.

Jörg ist inzwischen auch da. Beide haben wir den gleichen Gedanken: `Hierher ziehen wir heute Abend um!´

Es plagt mich ja immer noch meine Erkältung und noch schlimmer, mein Husten. Sobald ich mich hinlege, beginnt er mich zu ärgern. Dann muss ich versuchen, im Sitzen zu schlafen. Ich möchte ja die anderen nicht stören. Diese Schlafhaltung muss ziemlich bescheuert aussehen, das ist mir aber egal. Ein wenig Schlaf brauche ich schon, um am nächsten Tag weiter laufen zu können.

Mit einem guten Gefühl, dass unser Umzug klappen wird, verlassen wir Restis Herberge und erforschen den Ort. An einer Straßenecke stoßen wir auf die Bar „Olivia". Sie ist sehr rustikal eingerichtet. An der Decke sind riesige Balken. Die Räume sind durch dicke Pfosten abgeteilt. An den Wänden hängen schöne Landschaftsbilder.

Diese Bar erinnert mich an das kleine Restaurant „Zum Anker" in Pirna. Da ist auch alles sehr rustikal eingerichtet. Fischernetze, Schiffsglocken, Seemannsfiguren und alles, was mit dem Meer zu tun hat, findet man in dem kleinen Raum. Das Essen schmeckt super und die „singende Wirtin" unterhält ab und zu mal die Gäste mit ihren Liedern.

In der Bar "Olivia" stillen wir unseren Durst, ich mit einem Tee, gut für meine Erkältung, und Jörg mit einem kühlen Bier.

Dann schlendern wir durch die Ortschaft. Wie jeder kleine Ort auf dem Jakobsweg hat auch Castrojeriz einen hübschen kleinen Marktplatz. In der Mitte des Platzes steht ein mittelalterlicher Brunnen. Er erinnert mich an den Marktplatz von Pirna. Canaletto hat um 1753 ein Gemälde von diesem Platz gemalt, auf dem man zwei mittelalterliche Brunnen sieht. Einer

der Brunnen wird jedes Jahr zu Ostern von Schul– und Kindergartenein-
richtungen mit bunten Ostereiern geschmückt. Das finde ich immer sehr
schön, denn dann zeigen die Kinder ihre künstlerischen Talente und das ist
einfach toll!

Während ich noch mit meinen Gedanken in der Heimat bin, fällt mein
Blick auf ein Landschaftsbild am Eingang einer Galerie auf dem Marktplatz der Stadt. Da ich auch male, weckt es natürlich mein Interesse. Ich
will diese Ausstellung unbedingt sehen. Jörg ist auch interessiert und so
besuchen wir beide die Malerin, die uns am Eingang ihrer Galerie begrüßt.

Die Bilder faszinieren mich und eins gefällt mir besonders gut. Ein kleines Mädchen, in einem blauen Kleidchen, sitzt auf einem Stein und beobachtet die untergehende Sonne. Sie sieht dabei richtig verträumt aus und
ich bin ganz verliebt in dieses Bild. Ich nehme mir vor, wenn ich wieder
zu Hause bin, einen Sonnenuntergang auf Leinwand zu malen.

Noch ganz eingenommen von den wunderbaren Bildern verlassen wir die
Galerie und treten auf den Marktplatz. Da steht doch tatsächlich Frank
und strahlt uns an. Hier treffen wir uns also wieder.

Gemeinsam verbringen wir den Nachmittag. Wir stöbern in einem kleinen
Kleidergeschäft, denn Frank möchte sich eine leichte Hose kaufen. Der
Señor ist sehr bemüht und zeigt Frank mit vielen Gesten und spanischen
Worten mehrere Hosen. Es macht Spaß, den beiden zuzuschauen. Frank
entscheidet sich dann für eine helle Hose. Der Verkäufer ist zufrieden und
Frank auch.

Danach gehen wir in die kleine Tienda nebenan und decken uns mit Verpflegung für den heutigen Abend und den morgigen Tag ein. Da Frank in
einer Pension übernachtet, verabschieden wir uns von ihm.

Als wir in unsere Herberge zurückkommen, stellen wir fest, dass kein weiterer Pilger eingetroffen ist. Super! Wir packen unsere sieben Sachen zusammen und richten uns auf dem Dachboden ein. Ich bin erleichtert. Es ist
hell und geräumig hier. Ich kann nur hoffen, dass mich mein Husten nicht
zu sehr plagt.

Auf der Terrasse unserer Herberge essen wir zwei Glücklichen noch eine
Kleinigkeit. Ich trage die Ereignisse des Tages in mein buntes Büchlein
ein und suche dann mein Schlaflager auf.

Als der Herbergsvater pünktlich um 22.30 Uhr nach seinen „Schäfchen"
schaut, ist er doch erstaunt, uns hier oben zu sehen. Ich wende meinen
ganzen Charme an, lächle und bitte ihn, hier bleiben zu dürfen. Und es
klappt! Resti wünscht uns ein „Buenas noches!", löscht das Licht und
stapft nach unten. Mit dem Gedanken an die morgige Strecke schlafe ich
mit einem erhöhtem Kopfteil dann auch schnell ein.

74

18. Tag

Castrojeriz - Boadilla del Camino

Ich habe nicht gut geschlafen. Mein Husten plagte mich doch sehr. Erst gegen Morgen fiel ich in einen leichten Schlaf, bis mich die einfühlsamen Klänge gregorianischer Musik weckten.

Ich schaue auf die Uhr. Es ist halb sieben. Wie vorausgesagt weckt Resti „seine" Pilger eine halbe Stunde vor Sonnenaufgang, aber eben in seiner Art: mit dieser wundervollen Musik. Es dauert nicht lange, da steht der Herbergsvater auch schon im Raum und ruft mit kräftiger Stimme: "Buenos dias!"

Er lädt uns und zwei Pilger, die spät abends noch gekommen sein müssen, zum gemeinsamen Frühstück ein.

Ich erledige in aller Ruhe meine Arbeit, wie jeden Morgen vor dem Start. Diese Tätigkeit ist wirklich zum Ritual geworden. Ich glaube, wenn ich wieder zu Hause bin, wird mir etwas fehlen. Schon der Gedanke, wieder in den stressigen Alltag zu fallen, gefällt mir nicht. Ich werde versuchen, meine Gelassenheit und meine Ruhe, die ich hier auf dem langen Weg gewonnen habe, nicht so schnell aufzugeben. Aber irgendwann wird mich dann doch der Alltag wieder einholen.

Im Aufenthaltsraum hat Resti den rustikalen Tisch für uns Pilger gedeckt. Auf ihm liegen ein paar alte Kekse und verschrumpelte Äpfel, „Café con leche" gibt es auch.

`Igitt, was ist das denn?´, schießt es mir durch den Kopf. Jörg macht genauso ein entsetztes Gesicht.

Ich sehe in der Tasse nur kleine Fettaugen und Milchhautreste schwimmen. Das ist ja ekelhaft! Was ist zu tun, um den Herbergsvater, der ja neben uns steht, nicht zu beleidigen? Ich rühre und rühre und nippe dann ein bisschen an dem "Getränk". Jörg rührt seine Tasse nicht an.

Ich habe schon oft in den Bars bemerkt, dass die Spanier mit dem Frühstück nicht so viel am Hut haben. Ich bin da ja doch etwas verwöhnt, denn zu Hause frühstücke ich wie eine Kaiserin. Da gibt es ein Brötchen, belegt mit Käse und Konfitüre, dazu Weinbeeren, eine Kiwi, ein Glas frisch gepressten Grapefruitsaft und guten Kaffee. Von heute werden Jörg und ich nur noch „Cafè americano" oder wie es noch heißt: „Cafè sin leche", Kaffee ohne Milch, trinken.

Trotz des miesen Frühstücks kommen wir mit Resti noch ins Gespräch. Ich frage ihn, wer der Typ auf dem Zeitungsausschnitt im Eingangsbereich unserer Unterkunft ist. Er schmunzelt und tippt auf sich.

Ich sage: „No!"

Und Resti erwidert: „Yes! I was the manager of Real Madrid and my name is Paco!"

Also das habe ich nun doch nicht erwartet. Paco ist wirklich das Urgestein auf dem Jakobsweg. Ich muss unbedingt eine Erinnerung an ihn haben und bitte ihn, ein Foto mit uns zu machen. Dann verabschieden wir uns sehr herzlich von ihm. Paco wünscht uns ein "Buen camino!"

Gegen halb acht starten wir in Richtung der Tafelberge. Es ist angenehm kühl. Die Sonne lässt sich auch schon blicken und schickt erste warme Strahlen auf die Erde. Alles in allem herrscht ein herrliches Wanderwetter. Also: „Ultreia, Christel!"

Vor mir liegt der lange Weg, der sich in der Ferne verliert. Ich laufe in der Meseta. Weit und breit nur Felder und Wiesen, kaum Schatten. Am Himmel ziehen kleine Schäfchenwolken vorüber und ich fühle mich wohl. Jörg ist zurückgeblieben.

Heute kommt mir in den Sinn, einmal auf dieser öden Strecke zu singen. Ich beginne leise vor mich her zu summen. Dann werde ich mutiger und beginne lauthals „Das Wandern ist des Müllers Lust" zu singen. Auf einmal fallen mir viele Wanderlieder ein, die ich auch mit meinen Schülern gesungen habe, wenn wir zu Wandertagen in der Natur unterwegs waren.

Nanu, wer schwenkt denn da in weiter Ferne vor mir hurtig seine Wanderstöcke? Das kommt mir doch ziemlich bekannt vor.

Ich laufe etwas schneller und hole Frank ein. Wir begrüßen uns sehr herzlich und ruhen uns auf einer Steinbank, die am Wegesrand steht, aus. Wir warten auf Jörg. Er kommt langsam angetrottet und lacht: „Na, ihr zwei, habt ihr es euch gemütlich gemacht?"

Wir quasseln noch ein bisschen, stillen unseren Durst und machen uns dann gemeinsam wieder auf den Weg. Bald hat jeder wieder seinen Laufrhythmus gefunden und unsere Wege trennen sich.

Jörg und ich erreichen den Anstieg zu den Tafelbergen. Ich nehme noch einmal einen kräftigen Schluck aus der Trinkflasche und dann begebe ich mich auf den steilen Anstieg von ca. 800 Metern Höhenunterschied. Für mich ist er wieder eine kleine Herausforderung. Jörg schreitet etwas schneller aus, ich halte meinen Laufstil ein. Nicht zu schnell und nicht zu langsam, immer im gleichen Tempo. So komme ich oben nicht so außer Atem an und dann erhole ich mich auch immer sehr schnell.

Von der Plattform des Tafelberges aus habe ich einen gigantischen Blick über die unendliche Weite der Meseta. Von hier oben kommt sie mir überhaupt nicht öde und langweilig vor. Ich blicke in den strahlend blauen Himmel, auf die hell- und dunkelgrün schimmernden Wiesen, auf die im Sonnenlicht gülden leuchtenden Felder.

Ich fühle mich so frei hier oben. Ich bin glücklich. Ja, ja, ich weiß, ich wiederhole mich. Aber in solchen Momenten bin ich es einfach immer: glücklich und zufrieden.

Die nächsten Kilometer geht es bergab und dann eben weiter. Jörg und ich erreichen die kleine Kirche „San Nicolàs". Hier befindet sich eine außergewöhnliche Pilgerherberge. Die Kirche stammt aus dem 13. Jahrhundert und gehörte zu einem Pilgerhospital des Malteser-Ordens. Heute wird die Herberge von freiwilligen Helfern aus Italien geführt. Sie bereiten den Pilgern ein Frühstück und ein Abendessen.

Eine kleine Besonderheit gibt es hier auch noch. Nach altem Pilgerbrauch wird vor dem Abendessen den Pilgern ein Fuß gewaschen. Nirgendwo auf dem Jakobsweg wird dieser Brauch noch praktiziert, außer hier. Ich frage mich: `Warum nur ein Fuß?´ Mal sehen, ob ich bis zum Ende meiner Reise ein Antwort finden werde.

Auf einer alten Brücke überqueren wir den Fluss Pisuerga. Ich würde gern meine Füße mal ins kalte Wasser halten, aber es ist zu schwierig, ans Ufer zu gelangen und so müssen sie halt noch bis zum Abend auf die Erfrischung warten.

Wir sind in der Provinz Palenzia angekommen. In dem kleinen, verschlafenen Ort Itero de la Vega suchen wir uns ein schattiges Plätzchen für unsere Mittagspause. Es ist inzwischen ziemlich warm geworden und der richtige Moment für unsere Rast. Immerhin haben wir reichlich die Hälfte unseres Weges geschafft. Unser Pilgermahl besteht aus Brot, saftigem Schinken, Käse und Obst.

Mich beschäftigt immer noch die Frage nach der Fußwäsche in der Kirche „San Nicolàs". Ich frage Jörg, aber auch er kann mir keine Antwort darauf geben.

Die Turmuhr im Dorf schlägt zwölf Mal, Zeit zum Aufbruch. So richtige Lust verspüre ich noch nicht. Das gute Essen hat mich träge gemacht. Aber es hilft nichts. Wir haben noch gute zehn Kilometer vor uns bis zum Ziel.

Die Landschaft zeigt sich jetzt sehr flach und karg. Die Felder leuchten im Sonnenlicht goldgelb. Auf einem kleinen Hügel entdecke ich seltsame Gebäude. Mein schlauer Reiseführer sagt mir, dass es Taubenhäuser sind. Die meisten davon sind verfallen.

Noch wenige Kilometer, dann haben wir den Ortsanfang von Boadillo del Camino erreicht. Jetzt noch die Herberge „En el Camino" finden und die heutige Etappe ist geschafft.

Wir sind wieder mal die Letzten. Ich staune nicht schlecht, als ich den Innenhof betrete. Großer Swimmingpool, englischer Rasen, hübsche Skulpturen und bunte Blumen. Ich bin im Traumland. Viele Pilger sitzen am Rand des Pools und halten die Füße ins kühle Wasser. Andere wiederum liegen auf der Wiese und sonnen sich. Es ist ziemlich viel Betrieb hier. Im Stillen hoffe ich, dass wir hier einen Schlafplatz bekommen. Die zwanzig Kilometer heute waren doch sehr anstrengend.

Bei Eduardo, dem jungen Hospitalero mit Rastalocken und Wollmütze auf dem Kopf, bitten wir um eine Bleibe. Er schüttelt skeptisch den Kopf und zeigt auf die vielen Pilger im Garten. Die Herberge ist wirklich proppevoll. Als er meinen entsetzten Blick sieht, sagt er:

"OK; ich schaffe einen Platz, aber ihr müsst bis zum Abend warten!"

Ich bin sehr erleichtert.

Vor der Herberge stellen wir unsere Rucksäcke ab, nehmen unseren Waschbeutel und gehen duschen. Ich wasche noch meine verschwitzten Sachen, hänge sie auf die Leine und setze mich zu den anderen Pilgern an den Pool. Ganz langsam lasse ich meine Füße in das kühle Wasser gleiten. Man oh man, tut das gut!

Ich erhole mich und träume vor mich hin. Heute sind wir wieder reichlich zwanzig Kilometer bei etwa 30° Celsius gelaufen. Die Strecke war anstrengend. Meine gute Vorbereitung auf diesen langen Weg zahlt sich jetzt aus. Ich habe gelernt, meine Kräfte richtig einzuteilen, Pausen zu machen, wenn es erforderlich ist, steile Anstiege im richtigen Tempo zu bewältigen und trotz all dieser Strapazen die Schönheit der Landschaft in mich aufzunehmen.

Eine halbe Stunde lege ich mich nach dem erfrischenden Fußbad noch auf die Wiese und lasse mich von der Sonne verwöhnen. Ich komme mir vor wie im Urlaub am Meer. Diese Herberge ist Luxus pur.

Bis zum Abend ist noch etwas Zeit und so machen Jörg und ich noch einen kleinen Rundgang durch das Dorf. Der Ort macht einen teilweise heruntergekommenen Eindruck. Die Gebäude sind grau und trist. Da ist unsere Herberge ein echter Farbtupfer.

Auf dem Kirchturm entdecke ich ein Storchennest. Die jungen Störche werden gerade gefüttert. Sehr interessant ist auch der Pranger vor der Kirche. Er stammt aus dem 15. Jahrhundert und ist mit vielen Jakobsmuscheln „dekoriert".

Bei unserer Rückkehr in die Herberge treffen wir Frank. Er sitzt auf der Bank und kühlt mit einer Zwiebel seine Oberlippe.

"Was ist dir denn passiert?", frage ich.

Er erzählt uns, dass ihn beim Rundgang durch das Dorf eine Wespe gestochen hat. Ich kann mir gut vorstellen, wie schmerzhaft das ist.

Zu meiner großen Freude sehe ich, dass in der Herberge unser Schlaflager hergerichtet wird. Zwei Matratzen landen unter dem Fenster. Ich bin zufrieden und breite meinen Schlafsack aus.

Gegen halb acht suchen wir uns im Garten einen schattigen Platz, denn immerhin zeigt das Thermometer noch 27° C an. Wir bestellen uns ein Pilgermenü. Es schmeckt ausgezeichnet und der köstliche Rotwein gibt mir die nötige Bettschwere. Glücklich und zufrieden suche ich mein Schlaflager auf, kuschle mich in meinen Schlafsack und es dauert nicht lange bis ich eingeschlafen bin.

19. Tag

Boadilla del Camino   -   Carrion los Condes

Durch leise Geräusche der aufbrechenden Pilger werde ich wach. Es muss noch früh am Morgen sein, denn durch das geöffnete Fenster weht ziemlich kühle Luft herein. Ich kuschle mich noch für ein paar Minuten in meinen warmen Schlafsack. Dann stehe ich auf.

Jörg packt auch schon seinen Rucksack. Ich muss mich also sputen. Schnell in den Waschraum, dann den Schlafsack verstauen, den Rucksack packen und schon bin ich „reisefertig".

Bei Eduardo bekommen wir noch ein deftiges Frühstück. Wir bedanken uns bei ihm für die liebevolle Aufnahme und Unterbringung. Auch wenn die Herbergen oft sehr voll sind, schaffen es die Hospitaleros immer, für spät ankommende Pilger ein Schlaflager zu schaffen.

„Muchas gracias, Eduardo!"

„Buen camino", antwortet uns Eduardo freundlich lächelnd.

Die Strecke bis nach Fromista ist nicht langweilig. Bei herrlichem Wetter laufen wir immer an einem leise vor sich hinplätschernden Kanal entlang. Das saftige Grün und die bunt blühenden Pflanzen am Rande des Kanals erfreuen mich. Ich denke in diesem Moment nicht an den langen und anstrengenden Weg. Ich summe leise eine Melodie und schreite hurtig aus.

Ich bin heute gut drauf. Der gestrige „Erholungstag" hat mir gut getan. So komme ich auch nach 6 Kilometern gut gelaunt in Fromista an. Jörg war etwas zurückgeblieben und kommt jetzt ebenfalls gut gelaunt daher.

Vor der Kirche San Martin, die aus der Mitte des 11. Jahrhunderts stammt, pausieren wir. Ich nehme auf einer Bank Platz und betrachte die Kirche. Sie ist sehr beeindruckend durch ihren reichen Skulpturenschmuck. Ich werde mir, wenn ich mich etwas gestärkt habe, die Zeit nehmen und um die Kirche einmal herumgehen.

Jetzt aber hole ich mir erst einmal aus der Bar von gegenüber einen „Cafe sin lechè". Ich wende meine wenigen Spanischkenntnisse an und werde mit einem freundlichen Lächeln der Señora belohnt. Jörg hat in der Zwischenzeit unsere kleine Essensration ausgebreitet. So ein Frühstück im Freien unter Bäumen und bei Vogelgezwitscher schmeckt immer besonders gut. Ich genieße diese Minuten sehr.

Der Gang um die Kirche hat sich gelohnt. Da grinsten mich kleine Teufel an, liebliche Engel schauten auf mich herab und viele weitere kleine Skulpturen, die diese Kirche schmücken.

Mich plagt immer noch der schreckliche Husten. Ich versuche es jetzt einmal mit Hustenbonbons, die ich mir hier aus der Apotheke besorgt habe.

Nun beginnt ein extrem anstrengender Weg. Viele Kilometer geht es immer geradeaus und ich habe das Gefühl, dass ich mein Ziel nie erreichen werde. Zum Glück spielt das Wetter heute mit, denn es ist nicht zu heiß.

In Villalcázar de Sirga legen wir noch einmal eine kleine Ruhepause ein. Die Bank vor der kleinen Bar lädt mich zu einer kleinen Siesta ein, und so liege ich auch schon langgestreckt auf ihr und ruhe mich aus.

Wir laufen nun schon den vierten Tag in der endlosen Weite der Meseta und ich habe sie noch immer nicht lieben gelernt. Ich habe immer das Gefühl, der Weg nimmt nie ein Ende. So auch heute.

Jörg ist zurückgeblieben und so laufe ich wieder mal allein, immer an der Landstraße entlang, rechts und links an endlosen Weizenfeldern vorbei, durch die trostlose und öde Tierra de Campos.

Inzwischen mag ich die Zeit des Alleinseins. Sie gibt mir immer die Möglichkeit, mich nur mit mir zu beschäftigen. Und ich stelle immer wieder fest, dass ich bis jetzt alles richtig gemacht habe. Ich habe meine Ängste etwas überwunden. Das kilometerlange Laufen macht mir auch kaum Probleme. Ich vertrage mich mit meinem Sohn und habe viele liebe Freunde kennengelernt.

Jörg hat mich wieder eingeholt. Kurz vor dem Ziel treffen wir auch Frank wieder. Gemeinsam erreichen wir drei am späten Nachmittag Carrión de los Condes.

Wir steuern die traditionelle Pilgerunterkunft im Kloster „Santa Clara" an.

Auf dem Weg dorthin treffen wir zwei Pilgerinnen, die uns erzählen, dass die Herberge voll ist. Also beginnt wieder einmal die Suche nach einer anderen Unterkunft.

„Sucht ihr eine Bleibe für die Nacht?", fragt uns ein deutscher Pilger. „Im Kloster „Espiritu Santos" bekommt ihr sicher noch einen Schlafplatz!"

Wir bedanken uns, laufen stracks dorthin und bekommen eine Unterkunft. Was sind wir Spätankömmlinge doch für Glückspilze! Das grenzt manchmal schon an ein Wunder. Mich lässt der Gedanke nicht los, dass es so etwas nur auf dem Jakobsweg gibt.

In der Herberge des Klosters stempelt eine nette Nonne unseren Pilgerausweis und führt uns anschließend in ein helles, geräumiges Zimmer. Sie weist uns die Betten zu und wir breiten unsere Schlafsäcke aus. Für jeden Pilger bedeutet das: Dieses Bett ist belegt! Leider gibt es aber auch Pilger, die das nicht beachten. Ich werde es heute zu spüren bekommen.

Nach einem reichhaltigen Pilgermenü in einem Restaurant des Ortes und den Besorgungen unseres Proviants für den morgigen Tag kommen Jörg, Frank und ich gegen halb acht in der Herberge an. Mich trifft der Schlag! Auf meinem Bett lümmelt ein fremder Pilger! Mein Schlafsack liegt in der Ecke und Jörg ist sehr aufgebracht.

Er versucht dem Pilger klar zu machen, dass dieser Schlafplatz mir gehört. Es kommt zu einem kleinen Disput. Der Italiener, wie es sich herausstellt, besteht auf dem Standpunkt, er habe dieses Bett vor mir belegt. Das stimmt aber nicht. Auch die anderen Pilger sind über diese Dreistigkeit empört. Lorenzo, so heißt der Italiener, verlässt den Raum um eine Nonne zu holen. In der Zwischenzeit legt Jörg meinen Schlafsack wieder auf das Bett.

Die Nonne kehrt mit dem erregten Lorenzo zurück. Sie teilt uns mit, dass wir ruhig bleiben können, Lorenzo und sein Freund werden in einen anderen Raum umziehen. Ich lege mich, immer noch aufgewühlt, auf mein Bett nieder und beginne leise vor mich hin zu weinen. Das war einfach zu viel für heute.

Plötzlich erklingt eine leise Melodie auf einer Flöte. Es ist ganz still im Raum. Alle lauschen den lieblichen Klängen. Langsam beruhige ich mich wieder. Als die Musik verstummt, stehe ich auf und bedanke mich bei dem Pilger aus der Schweiz.

„Du warst so traurig und da wollte ich dir mit meiner Musik eine kleine Freude bereiten", lächelt er mich an.

„Das ist dir gelungen", antwortete ich ihm. „Nochmals danke!" Ich kann es nur noch einmal wiederholen: so etwas gibt es nur auf dem Camino.

Nach diesem aufregenden Tag koche ich mir noch einen Tee und husche dann in meinen Schlafsack. Hoffentlich habe ich eine ruhige Nacht.

20. Tag

Carrion de los Condes - Calzadilla de la Cueza

Ich habe gut geschlafen. Erst gegen Morgen plagt mich mein Husten wieder, also stehe ich auf. Einige Pilger sind auch schon auf den Beinen. Ich wecke „meine" Männer, die noch fest schlafen. Wir frühstücken gemeinsam und machen uns dann auf den Weg.

Die heutige Etappe wird hart und anstrengend. Der absolut ebene, meist einsame und schattenlose Feldweg ist eine echte Herausforderung. Gott sei Dank ist es nicht so heiß.

Ich laufe wieder einmal ein langes Stück allein. Meine Gedanken schweifen noch einmal zu dem gestrigen Tag zurück. Jörg erzählte mir heute morgen, dass er gestern Abend, als er mit Silke, Petra und Günter auf der Treppe der Herberge saß, noch einmal Lorenzo traf. Sie versöhnten sich wieder und wünschten sich einen guten Weg. Also hat sich auch dieses unschöne Erlebnis zum Guten gewendet.

Am Anfang des Weges stehen rechts und links noch große Pappeln. Dann sehe ich nur noch weite Felder und Wiesen und ab und zu mal einen Strauch. Ein Weg, der sich in der Ferne verliert, die Meseta. Heute spüre ich meine Füße wieder einmal. Obwohl es nicht sehr heiß ist, brennen meine Fußsohlen. Ich brauche bald eine Pause. Inzwischen ist Jörg auch wieder da.

Etwa die Hälfte des Weges haben wir geschafft, als wir in einem kleinen Dorf eine Bar entdecken. Es ist Mittagszeit und wir kehren ein. Bei einer deftigen Grillwurst, einem Bier und einer Cola stärken wir uns und halten hinterher eine kleine Siesta. Meine Wanderschuhe habe ich ausgezogen. Ich gönne meinen Füßen eine Erholungspause, bevor wir unseren Weg fortsetzen.

Das letzte Stück wird noch einmal anstrengend. Der Weg ist ausgetrocknet und hart. Ein Ende ist nicht abzusehen. Ich greife immer wieder nach meiner Trinkflasche, um meinen Durst zu löschen. In meinem Kopf purzeln die Gedanken durcheinander. `Wann taucht endlich das Dörfchen am Horizont auf? Wann ist diese trostlose Strecke endlich zu Ende?´ Aber nichts tut sich. Ich laufe und laufe und laufe!

Und plötzlich erscheint nach einer kleinen Kurve in der Ferne Calzadilla de la Cueza. Gott sei Dank! Jetzt ist es nicht mehr weit und wir sind da. Aber da habe ich mich sehr getäuscht. Bis zur Herberge „El Palomar" muss ich noch ein ganzes Stück immer leicht bergab laufen.

Aber dann ist es endlich geschafft. Beim Betreten der Herberge kommt uns ein strahlender Frank entgegen. Er ist, wie immer, schon da und hat sich häuslich eingerichtet. Wir bekommen von Petra, der Hospitalera, unseren obligatorischen Stempel und unsere Schlafgelegenheit zugewiesen.

Ich bin heute doch echt geschafft. Die Strecke war für mich ein kleiner Gang durch die Hölle. Mein Unterbewusstsein wispert mir zu: `Gehe duschen und du wirst sehen, es wird dir wieder gut gehen.´ Es hat recht, denn nach der Dusche fühle ich mich wie neu geboren.

Der Garten der Herberge ist eine gepflegte Anlage mit einem großen Pool. Dort entdecke ich auch Jörg. Er liegt am Beckenrand und hält ein Schäferstündchen. Ich setze mich ins Gras und pflege meine Füße, bevor auch ich eine kleine Siesta abhalte. Ich strecke meine Glieder, schaue in den azurblauen Himmel und lasse die Seele baumeln.

Ich muss wohl eingeschlafen sein, denn ein leichter Stups und ein leises „Aufwachen!" lässt mich hochschrecken. Im ersten Moment weiß ich gar nicht, wo ich bin.

Frank steht lächelnd da und fragt mich: „Hast du Hunger?"

„Klar, sogar richtig großen!", antworte ich schmunzelnd.

Der kleine Bistrotisch im Garten ist mit unseren Vorräten, die aus Rotwein, Brot, Käse, Wurst und Obst bestehen, gedeckt. Jörg hat schon Platz genommen und wir schlagen alle drei kräftig zu.

Später suchen wir die einzige Bar des Dorfes auf. Dort genehmigen sich die Männer ein kühles Blondes und ich habe Appetit auf einen „Cafe sin leche". Wie kann es auch anders sein, ist es doch mein liebstes Getränk nach langen Pilgertouren.

Wir sitzen draußen und genießen den schönen Nachmittag. Am Himmel sind kaum Wolken zu sehen und es ist immer noch sehr warm. Eigentlich wollten wir hier noch etwas zu Abend essen, aber unsere Bestellung kommt leider zu spät, denn die Küche hat schon geschlossen. So begnügen wir uns mit einem leckeren Bocadillo.

Am Nebentisch sitzen drei Pilgerinnen, die sich sehr aufgeregt unterhalten.

„Das ist schon schlimm! Für sie ist die Pilgerreise beendet! Hoffentlich klappt der Transport in die Heimat!"

Ich werde neugierig und lausche dem Gespräch. Dabei höre ich heraus, dass die Freundin der drei Pilgerinnen in der Herberge auf der Treppe in den Garten gestürzt ist und sich den Fuß gebrochen hat. Sie kann aber trotz allem stolz auf sich sein, denn immerhin hat sie bis hierher 400 Kilometer geschafft. Das will schon was heißen.

Plötzlich verdunkelt sich der Himmel und ein Wärmegewitter zieht auf. Wir verlassen die Bar und gehen schnell in unsere Herberge zurück.

Wir haben es gerade so geschafft, da beginnt es auch schon in Strömen zu regnen. Grelle Blitze lassen den Himmel aufleuchten. Es ist ein fantasti-

84

sches Schauspiel der Natur. Der ausgiebige Regen tut dem ausgetrockneten Land sehr gut.

Ich bin müde und wünsche „meinen" Männern eine „Gute Nacht!"

Schon bald höre ich die ersten Schnarchtöne. Aber sie stören mich nicht weiter und so schlafe ich schnell ein.

21. Tag

Calzadilla de la Cueza - Sahagún

Heute Morgen wache ich gegen sieben Uhr auf. Ich bin etwas erholter als in den letzten Tagen, denn der Husten plagt mich nicht mehr so sehr. Nach meinem morgendlichen Ritual packe ich meinen Rucksack. Jörg und Frank sind auch startbereit und so laufen wir in die kleine Bar des Dorfes zum Frühstück.

Der Morgen ist kühl und die Sonne lugt schon zaghaft durch die Wolken. Der gestrige Regen hat die Landschaft in ein kräftiges Grün verwandelt. `Der Tag wird schön!´, denke ich.

Der Barbesitzer begrüßt uns freundlich: „Buenos dias!"

Wir grüßen zurück: „Buenos dias, Señor! Nos gustaría tener un fuerte de-sayuno? (Können wir ein gutes Frühstück bekommen?)"

Uns wird duftender Kaffee, Sandwiches, Butter, Marmelade und Käse ser-viert. Wir schlagen uns den Magen voll, denn die heutige Strecke wird lang.

Gestärkt und guten Mutes machen wir drei uns weiter auf den Weg. Einige Kilometer laufen wir neben einer wenig befahrenen Landstraße, bevor wir den Rio Cueza überqueren. Nach weiteren vier Kilometern erreichen wir den kleinen Ort Ledigos und suchen die kleine Bar des Dorfes auf. Sie hat geöffnet. Es ist schon sehr warm und wir platzieren uns um einen kleinen Bistrotisch. Der freundliche Spanier bringt uns frische Getränke. Ich trin-ke mit Genuss die kühle Cola. Oh, tut das gut!

Auf den nächsten Kilometern kommen wir an saftig grünen Feldern vor-bei. Am Wegesrand bewundere ich die zart lila blühenden Pflanzen. Ich bin begeistert über diese Farbenpracht und bleibe immer wieder stehen, um ein Foto zu schießen. So kommt es, dass Frank sich auf und davon macht. Er ruft uns noch zu: "Wir treffen uns in Sahagun!"

Der Jakobsweg windet sich nun leicht bergauf und bergab durch eine fas-zinierende Hügellandschaft. Plötzlich sehe ich seltsame Behausungen.

"Was ist denn das?", frage ich Jörg.

"Komm, wir sehen uns das mal genauer an! Das sind ja Wohnungen!", antwortet er.

Ich bin sprachlos. Die Wohnungen sind in die Hügel eingebaut. Ich entde-cke eine Klingel mit Namen und auf dem Hügel steht eine TV–Antenne.

Diese Erdwohnungen habe ich bei einer Rundreise durch Tunesien schon einmal gesehen. Alle Räume waren winzig klein, mit Fellen und farben-frohen Decken ausgelegt. Alles war sehr primitiv und irgendwie doch ge-mütlich eingerichtet. Es gab keinen Strom und kein fließendes Wasser.

Das holten die Menschen aus einem tiefen, abgedeckten Wasserloch. Trotz diesem kargen Dasein sahen die Menschen zufrieden und glücklich aus. Damals konnte ich mir nicht vorstellen, dass man so leben kann. Heute zeigt mir der Jakobsweg jeden Tag, dass man auch mit weniger Luxus auskommt und glücklich sein kann.

Mit dieser Erkenntnis setze ich meinen Weg fort. Wir kommen an weiten, goldfarbenen Weizenfeldern vorbei, durchlaufen das Dorf San Nicolás und erreichen die Provinzgrenze von Leon. Noch wenige Kilometer und wir haben unser heutiges Ziel Sahagún erreicht.

Mein Reiseführer sagt mir, dass die einfache, städtische Herberge unter dem Dach der Kirche „Iglesia de la Trinidad" liegt. Also nichts wie hin.

Am Eingang steht lachend, wie kann es auch anders sein, Frank. Wir holen unseren Stempel und Frank zeigt uns dann unsere Betten, die er für uns frei gehalten hat.

Wir richten uns in der kleinen Kabine mit vier Betten ein. Ich sehe mich um und erblicke alte Mauern und einen Vorhang an der Längsseite meines Bettes. Neugierig schaue ich hinter den Vorhang und ein lautes "Wow!" kommt über meine Lippen.

„Das müsst ihr euch anschauen! Unter den Schlafräumen befindet sich ein Andachtsraum mit einem prachtvollen Altar!"

Hier in Spanien beeindrucken mich immer wieder die reich verzierten Kirchen mit ihren wunderschönen Altaren. Ich habe dann immer die wieder erbaute Frauenkirche in Dresden vor meinen Augen. Auch sie ist einmalig schön und viele Touristen haben dieses Wunderwerk der Baukunst schon besucht.

In der großen Küche der Herberge begrüßen uns auch Sabine und Steffen. Nach dem täglichen Ritual schlendern Jörg, Frank und ich durch die Stadt. Ich entdecke eine kleine Paneria. Ich klatsche in die Hände und mein inneres Ich flüstert mir zu: `Der Kuchen sieht lecker aus! Und einen Kaffee dazu, dass wäre doch was!´

"Leute, ich hole mir jetzt ein Stück Kuchen und vielleicht gibt es auch einen Kaffee dazu! Macht ihr mit?"

Das muss ich die beiden wirklich nicht fragen, denn sie sind auch echte Schleckermäuler. Also, nichts wie rein in die Paneria.

"Señora! Nos gustaría tener un pedazo de su delicioso pastel también tienen un café con leche? (Wir möchten gern ein Stück Ihres leckeren Kuchens und einen Kaffee.)"

Die Signora lächelt uns an und reicht uns Kuchen und Kaffee.

Oh, man! Das schmeckt einfach köstlich! Wir lecken uns alle zehn Finger ab. Das ist ein echtes Schmankerl nach unserem anstrengenden, aber auch immer wieder schönen Weg.

"Eigentlich könnten wir heute wieder mal selber kochen!", schlägt Frank dann vor.

Gesagt, getan! Im Supermarkt kaufen wir ein. Natürlich gibt es wieder ein Nudelgericht. Der Einkaufswagen füllt sich, außer mit Nudeln, noch mit Tomatensauce, Wurst, Zwiebeln, Obst und Rotwein. Ich hole mir in der Apotheke noch ein paar Hustenbonbons, dann gehen wir in die Herberge zurück.

"Hola, Sabine! Wir kochen heute! Wollt ihr mitessen?"

"Ja, das wäre schön!", antwortet mir Sabine. „Ich besorge noch eine Flasche Rotwein! Bis später!"

Gegen achtzehn Uhr versammeln wir uns dann alle in der Küche und bereiten gemeinsam das Essen zu. Wir zaubern einen leckeren Obstsalat und Nudeln mit Wurstgulasch. Dazu trinken wir reichlich Rioja-Rotwein. Wir sind alle gut gelaunt.

Nachdem wir die Küche wieder auf Hochglanz gebracht haben, gehen wir schlafen. Ich wünsche mir, dass ich eine ruhige Nacht habe.

22. Tag

Sahagún - Calzadilla de los Hermanillos

Es regnet, mieses Wetter also. Da unsere Etappe heute nur 14,5 Kilometer lang ist, lassen wir uns Zeit beim Aufstehen. Ich habe die erste Nacht ohne einen Hustenanfall überstanden. Das ist prima und mein inneres Ich strahlt: `Du bist auf dem Weg der Besserung!´ Recht hat es, ich fühle mich wohl und liebe sogar den Nieselregen.

In der Herberge bereiten wir uns ein kleines Frühstück, steuern dann aber die nächste Bar an, um einen guten Kaffee zu trinken.

Hier treffen wir auch Helga und Christina wieder. Helga ist die Mutter von Christina. Beide laufen heute die letzte Etappe, bevor sie in die Heimat zurückkehren.

Wir sind ein lustiges Trüppchen. Ich beobachte vorbeiziehende Pilger. Sie stapfen in Regenkleidung an der Bar vorbei, in der Hoffnung, am Etappenziel eine Unterkunft zu bekommen. Ich genieße die wohlige Wärme und den heißen Kaffee. Wir wollen alle warten bis der Regen etwas nachgelassen hat. Wir haben heute ja Zeit!

Frank holt aus seinem Rucksack ein kleines, metallenes Kästchen hervor. Darin befinden sich Karten mit Sprüchen. Der Spruch, den wir ziehen, soll uns auf dem weiteren Weg begleiten. Ich ziehe die erste Karte und lese:

„Was ich suche, trage ich in mir; und jeder Schritt Santiago entgegen, ist ein Schritt in die Tiefe meines eigenen Ichs."

Ich bin ganz still und lese diesen Spruch immer wieder. Was bedeutet er für mich? Am Anfang meiner Reise stellte ich mir einige Fragen. Sie begleiten mich auf dem Weg und ich suche deren Beantwortung.

Einige Antworten habe ich schon gefunden. Ich werde den Weg bis zu Ende laufen. Diese Erkenntnis gewann ich, als ich bei 30° Celsius die 30 Kilometer über die Pyrenäen schaffte. Nachdem ich die erste Nacht im Kloster mit über 100 Betten übernachtete, wusste ich, dass ich auch in Zukunft in Herbergen und Klöstern schlafen werde. Das Schönste daran sind für mich die vielen Bekanntschaften, die ich in diesen Unterkünften mache. Darauf freue ich mich jeden Tag aufs Neue. Bis jetzt vertrage ich mich auch mit Jörg. Mein Unterbewusstsein jubelt: `Du kannst stolz auf dich sein!´

Der Regen hat nachgelassen. Frank, Jörg und ich brechen auf.

„Ich wünsche euch ein „Buen camino!" auf eurer letzten Etappe und eine gute Heimreise", verabschiede ich mich von Helga und Christina.

Wir laufen aus der Stadt, überqueren den Fluss Cea und erreichen Calzada del Coto. Von hier aus haben wir zwei Möglichkeiten, den Jakobsweg weiterzulaufen. Wir entscheiden uns für die etwa 700 Meter längere Route, die „Calzada romana". Dieser Weg führt uns über die meist noch gut sichtbare Trasse einer alten Römerstraße. Die Strecke ist nur spärlich mit Wegweisern ausgeschildert. Wir müssen also gut aufpassen und die Hinweise in unserem Reiseführer genau befolgen.

Wir laufen über eine alte Brücke. Sie stammt noch aus der Römerzeit. Dann geht es auf der alten Römerstraße weiter. Am Himmel wandern unruhig graue Wolken vorüber. Ich flehe das Universum an, es nicht regnen zu lassen.

Die nächsten Kilometern gestalten sich als eine wildromantische Wald- und Strauchlandschaft. Dieses Gebiet erinnert mich an einen kleinen Wald vor meiner Haustür. Jedes Mal denke ich, dass ich in einen Märchenwald komme. Im Frühjahr ist es da besonders schön. Riesige Teppiche von weiß blühenden Anemonen und blauen Veilchen säumen den Weg. Es duftet nach Frische. Die Vögel zwitschern. Ab und zu gibt ein Specht seine Klopfzeichen. Ich liebe dieses kleine Paradies.

So in Gedanken versunken, bemerke ich gar nicht, dass sich die Landschaft verändert hat. Ich befinde mich wieder in der Einsamkeit der Meseta. Die Bäume und Sträucher sind verschwunden, nur ein unendlich langer Weg liegt vor mir. Ich habe mich mit der Meseta immer noch nicht angefreundet. Also laufe ich wieder einmal auf dem endlos langen Weg mit dem Wunsch, bald mein Ziel zu erreichen.

Der Himmel hellt auf und die Sonne lugt zaghaft zwischen den Wolken hervor. Sie schickt warme Strahlen auf die Erde und das hebt dann auch meine trübe Stimmung.

`Siehst du, der Weg ist doch irgendwie schön´, flüstert meine innere Stimme.

Ich lächle still vor mich hin und erreiche dann auch bald das heutige Ziel Calzadilla de los Hermanillos. Jörg und Frank sind etwas zurückgeblieben. Ich warte auf sie.

Wenige Meter vom Ortseingang entfernt, stoßen wir auf die alte Dorfschule. Hier werden wir heute übernachten. Am Eingang stehen kleine Bäumchen. Wir betreten einen kleinen Aufenthaltsraum mit einer kleinen Küche.

In der Herberge gibt es 16 Betten in vier kleinen Kabinen. Wir sind nicht allein. In einer Kabine hat es sich eine Pilgerin schon bequem gemacht. Sie schläft und deshalb verhalten wir uns leise. Später kommen auch noch zwei Franzosen zum Übernachten dazu.

Wir richten uns in unserer Kabine ein. Ich breite meinen Schlafsack auf dem unteren Bett aus. Jörg nistet sich über mir ein und Frank nimmt das untere Bett mir gegenüber.

Nachdem wir uns ein wenig erfrischt haben und ich noch schnell meine Wäsche in dem kleinen Garten hinterm Haus aufgehängt habe, gehen wir drei in eine kleine Tienda und kaufen ein.

Ein quirliger und lustiger Spanier bedient uns. Wir quatschen spanisch, deutsch, alles durcheinander. Dabei haben wir viel Spaß.

Das Wetter ist nach dem trüben Vormittag herrlich warm geworden. Ich suche mir ein sonniges Fleckchen an einer Mauer, schließe die Augen und stelle mir vor, dass ich an einem weißen Strand am Atlantik liege.

Während ich so vor mich hinträume, höre ich ein leises:

„Hola!".

Ich öffne die Augen. Vor mir steht eine Frau in einem langen, farbigen Rock. Sie hat ein buntes Tuch kunstvoll um ihren Kopf geschlungen und an den Füßen trägt sie Jesuslatschen. Sie sieht aus wie ein Hippiemädchen aus den 60iger Jahren.

Sie lächelt mich an und sagt leise: „Hallo! Ich bin Gabriele und ich schlafe in der alten Dorfschule."

„Hallo, ich heiße Christel", antworte ich. „Ich bin mit meinem Sohn und einem guten Freund auf dem Jakobsweg unterwegs. Wir übernachten heute auch hier!"

Gabriele setzt sich zu mir und schweigt. Ich schiele zaghaft zu ihr rüber.

Ihr Lächeln ist verschwunden und sie sieht sehr traurig aus. Ich frage mich, was sie wohl bedrückt.

Mein inneres Ich flüstert: `Frage sie doch einfach. Kannst du das denn? Geht dich das überhaupt etwas an? Ja, ihr seid doch Pilger. Da hilft doch jeder jedem, das hast du doch selbst schon erlebt. Also traue dich!´

Ich sage ganz zaghaft: „Gabriele, du siehst so traurig aus. Es ist doch so schönes Wetter. Die Sonne lacht, da kann man doch nur glücklich sein!"

Gabriele schaut mich an und hat Tränen in den Augen.

„Möchtest du reden?", frage ich sie.

Gabriele erzählt mir, dass sie auf dem Weg schon viel geweint hat. Sie versucht von Etappe zu Etappe mehr zur Ruhe zu kommen, aber es ist ihr noch nicht gelungen. Sie ist auf den Weg gegangen, um ihre Alltagssorgen zu verarbeiten.

Dann huscht doch ein kleines Lächeln über ihr Gesicht. „In Santiago treffe ich meinen Mann. Wir wollen dann den Weg gemeinsam beenden."

„Siehst du, da hast du doch ein Ziel vor Augen und musst nicht traurig sein. Freue dich doch einfach auf euer Wiedersehen."

Gabriele sieht mich an, steht auf und geht. Oh je, habe ich etwas falsches gesagt? Vielleicht habe ich gerade den Punkt angesprochen, der sie so traurig macht! Ich hoffe nur, dass sie es mir nicht übel nimmt.

Inzwischen rückt der Abend näher. Jörg kommt aus der Herberge und ruft mir zu: „Ich hole schnell noch eine Flasche Rotwein für heute Abend!", und eilt in die Tienda.

Die Sonne verschwindet langsam und am Himmel ziehen dunkle Wolken auf. Ich glaube, wir kriegen doch noch was ab. Schnell laufe ich in den Garten, nehme unsere Wäsche von der Leine und eile ins Haus.

Ich habe es gerade so geschafft, da prasselt auch schon ein gewaltiger Wolkenbruch hernieder. Rasch schließe ich alle Fenster in der Herberge.

Frank sitzt in der kleinen Küche am Tisch und schreibt sein Tagebuch. „Wo ist denn Jörg?", fragt er mich.

„Er wollte in der Tienda eine Flasche Rotwein für heute Abend besorgen. Sicher wartet er den Regen ab."

Dieser lässt dann auch allmählich nach und die Sonne kommt wieder hervor. So schnell ändert sich hier das Wetter.

Gabriele kommt zur Tür herein. Sie hält ihre quatschnassen Wanderschuhe, die draußen standen, in der Hand. Unglücklich sagt sie: „Wie kriege ich die Schuhe bis morgen nur trocken?"

Sie verkrümelt sich in ihren Schlafsack. Ich bemerke, dass sie immer noch sehr traurig ist. Ich wünsche ihr von ganzem Herzen, dass sich das auf den nächsten Etappen ändern wird.

Nach geraumer Zeit schneit Jörg mit einer Flasche Rotwein zur Tür herein. Gemütlich sitzen wir beisammen und genießen den edlen Tropfen.

Da die morgige Etappe wieder lang wird, suchen wir auch bald unser Schlaflager auf. Ich werfe schnell noch einen Blick in den blutroten Abendhimmel. Er verspricht für morgen einen schönen Tag.

23. Tag

Calzadilla de los Hermanillos - Mansilla de las Mulas

Heute nacht habe ich nicht gut geschlafen. Mein Husten quälte mich wieder mal. Um Jörg und Frank nicht zu stören, saß ich die ganze Nacht im Bett. Gegen Morgen muss ich dann doch noch eingeschlafen sein und habe es prompt verschlafen.

Ich schrecke auf und schaue auf die Uhr: es ist schon acht Uhr! Normalerweise laufen wir um diese Zeit schon los. Zu meinem Erstaunen stelle ich aber fest, dass Frank und Jörg auch noch fest schlafen. Im Stillen denke ich: `Lass sie schlafen, da hast du genügend Zeit, um deine Morgentoilette in Ruhe zu erledigen.´ Ich stehe also ganz leise auf und verschwinde im Waschraum. Als ich zurückkomme, liegen die beiden immer noch in ihren Schlafsäcken.

Ich stupse beide an und frage: „Wollt ihr heute gar nicht aufstehen?"

Frank sieht mich verdaddert an: „Wie spät ist es?"

„Gleich halb neun!" Schwupps ist er auf den Beinen und eilt in den Waschraum, und Jörg gleich hinterher.

Ich bereite indessen das Frühstück zu, koche Kaffee und Tee und lege Brot und Käse auf die Teller. Es ist still in der Herberge. Alle Pilger sind schon aufgebrochen, auch Gabriele.

Gut gestärkt, machen wir drei uns dann auch auf den Weg. Anfangs laufen wir noch zu dritt, dann schlägt Frank sein eigenes Tempo an und ist auf und davon. Ich rufe ihm hinterher: „Wir sehen uns in der Herberge!" Ein winkender Gruß zurück und das war es.

Auf dieser Etappe gibt es keine Wasserstellen. Also muss ich mein Wasser gut einteilen.

Der Weg ist immer noch trostlos. Öde Felder und der endlose Weg. Die einzige Abwechslung bereitet mir der blaue Himmel mit den kleinen vorüberziehenden Schäfchenwolken. Und dann der Stein mit der Muschel am Wegesrand. Auf ihm thront ein Steinmännchen. Es sagt mir: „Du bist auf dem Weg nicht allein." Dieser stille Hinweis macht mir Mut, die scheinbar nicht enden wollende Strecke weiter zu laufen.

Kurz vor Reliegos nehmen Jörg und ich einen kleinen Umweg von ca. 500 Metern. Es scheint uns der schönere Weg zu sein. Aber da haben wir uns mächtig getäuscht. Wir stehen vor einem tiefen, betonierten Graben und kommen nicht weiter.

`Toll!´, denke ich. `Also zurück zur Kreuzung!´

Wir laufen auf dem holprigen Weg bis nach Mansilla de las Mulas. Wir verlassen die Straße und kommen nach wenigen Metern auch nicht weiter.

Heute ist der Tag des Verlaufens. Wir latschen also wieder zurück und suchen den richtigen Weg, den wir dann auch finden.

Aus 25,5 Kilometern wurden ca. 28 Kilometer. Mir reicht es heute. Ich sehne mich nach einer Dusche und nach Entspannung.

In der städtischen Herberge bekommen wir keinen Platz. Was für ein Pechtag heute.

Wir steuern die Albergue „Jardin del Camino" an. Hier haben wir nur Glück, weil Frank, der wie immer vor uns da ist, zwei Betten für uns reserviert hat. Wir checken ein und nehmen auch gleich noch das volle Paket mit Menü und Frühstück für 20,- € mit.

Nachdem ich mich frisch gemacht und ein wenig ausgeruht habe, schlendern Jörg und ich noch einmal in die Stadt. Hier treffen wir Lars, den wir in Burgos kennenlernten. Jörg verabredet sich zum Abend mit ihm.

Mein Appetit auf einen duftenden Kaffee ist groß, also nichts wie rein in das kleine Cafe, vor dem wir gerade stehen. Beim Betreten der kleinen Bar werden meine Augen immer größer, da ich an einem der kleinen Bistrotischchen Gabriele entdecke. Auch ihre Augen beginnen zu strahlen und wir fallen uns in die Arme.

Meine erste Frage ist: „Wie geht es dir Gabriele? Du siehst gut aus!"

„Ja, mir geht es etwas besser", antwortet sie. „Den Weg zu laufen, ist eine

Erfüllung für mich. Du hast mir gestern in der kleinen Dorfschule Mut gemacht. Auf der heutigen Etappe habe ich versucht, mich auf das Wiedersehen mit meinem Mann zu freuen und es hat funktioniert. Nun kann ich mich auch an der Schönheit der Landschaft erfreuen. Ich sehe die blühenden Blumen und die grünen Wiesen. Danke, Christel!"

Ich werde verlegen, aber freue mich auch. Wir versprechen uns, in Verbindung zu bleiben. Und vielleicht sehen wir uns ja auf diesem langen Weg auch wieder. Ausgeschlossen ist das nicht, denn der Camino sorgt, wie schon so oft, immer für Überraschungen. Ich umarme Gabriele. „Mach´s gut und Buen camino!"

Jörg und ich trödeln langsam wieder in unsere Albergue zurück. Es ist Zeit, unser Menü zu bestellen. Ein freundlicher Spanier serviert uns eine gut schmeckende Suppe, Huhn und als Nachspeise ein Eis.

Nach dem Essen verabschiedet sich Jörg von mir.

„Denk` dran: um 22.00 Uhr schließen die Pforten!", erinnere ich ihn.

"Ich bin pünktlich. Mache dir keine Sorgen", antwortet Jörg.

Es ist noch ziemlich warm. Ich schnappe mir mein Tagebuch, setze mich in den Garten und lasse die Erlebnisse des Tages vor meinem Auge Revue passieren, bevor ich sie aufschreibe. Es war ein anstrengender und emotionaler Tag. Ich träume noch ein wenig vor mich hin, bevor ich mein Schlaflager aufsuche und mich in den Schlafsack verkrieche.

Mitten in der Nacht schrecke ich auf. Ich weiß nicht, was mich weckte. Mein Herz klopft. Jörg´s Schlafsack ist leer! Ich stehe leise auf und eile schnell an die Haustür. Vielleicht sitzt Jörg ja auf den Stufen und hofft, dass ihm jemand die Tür öffnet. Aber nichts da! Weit und breit ist kein Jörg zu sehen.

Ich werde unruhig. In diesem Moment denke ich an Birgit. Sie erzählte mir auf dem Weg von Roncesvalles nach Larrasoana Dinge über das Universum. Damals habe ich mich darüber amüsiert und nicht daran geglaubt. Heute, in meiner Angst, flehe ich das Universum an, dass Jörg nichts passiert ist. Dann schlüpfe ich wieder in meinen Schlafsack.

An Schlaf ist jedoch nicht mehr zu denken, denn meine Gedanken sind bei Jörg. Was mache ich, wenn ihm etwas zugestoßen ist? Ich merke, wie aus meiner Unruhe Wut wird. Warum kann er nicht pünktlich sein? Denkt er kein bisschen an mich, dass ich mir Sorgen machen könnte? Ich fiebere dem Morgen entgegen.

24. Tag

Mansilla de las Mulas - León

Ich bin die Erste beim Frühstück. Mit einem breiten Grinsen auf dem Gesicht kommt Jörg zur Tür herein. Ich danke dem Universum, dass er gesund und munter ist. Trotzdem bin ich wütend und maule ihn an:
„Wo warst du? Du hattest versprochen, pünktlich zu sein! Ich habe mir große Sorgen gemacht!"
Das ist für meinen Sohn zu viel des Guten. Es kommt zu einem heftigen Streit. Er wirft mir vor, ich würde kein Vertrauen zu ihm haben und ihn klammern.
Mein Unterbewusstsein schreit mich an: `Siehst du! Das hast du nun von deiner ständigen Bevormundung!´
Ich sehe sofort ein, dass meine Reaktion völlig falsch war. Aber die schlaflose Nacht und meine Angst ließen eine freudige Begrüßung einfach nicht zu. Ich entschuldige mich. Aber nun ist Jörg wütend und geht, ohne ein Wort zu sagen, seinen Rucksack packen.
Schweigend machen wir uns auf den Weg. Die Albergue ist leer. Alle sind schon weg.
Das Wetter ist schön. Die Sonne lacht und es ist warm.
`Willst du den ganzen Weg schweigen?´, frage ich mich. Nein, das will ich nicht.
Ich bitte Jörg zu warten, nehme ihn in den Arm und entschuldige mich für mein unkontrolliertes Verhalten. Danach vertragen wir uns wieder. Wir wollen doch beide den Weg schaffen. Ich beschließe für mich, Jörg nicht zu klammern, mir weniger Sorgen zu machen und ihm mehr Vertrauen entgegen zu bringen. Gleich fühle mich erleichterter.
Jörg erzählt mir vom gestrigen Tag.
„Ich war mir schon im Klaren, dass ich zu spät komme und das alle Türen verschlossen sein werden. Also kletterte ich über den Zaun in den Garten. Dort entdeckte ich eine kleine Laube, die als Abstellkammer diente. Ich fand Decken und hatte ein Dach über dem Kopf. Ich richtete mir mein Schlaflager her und schlief auch bald ein. Mitten in der Nacht wurde ich wach, weil jemand an mir vorbei schlich. Was ich nicht ahnte: da war auch ein kleines WC für die Camper, die mit ihren Zelten draußen auf der Wiese übernachten!"
„Oh, Gott, ist das witzig!", lache ich.
Jörg grinst. „Das war mir egal! Hauptsache, ich hatte ein Dach über dem Kopf, denn es war doch ganz schön kühl heute Nacht."
Froh gelaunt erreichen wir Villamoros und die nächste Odyssee beginnt.

Der Fußweg an der vielbefahrenen Straße ist ganz schmal, eine Brücke ist nur schwer zu überqueren. Hier donnern die Brummis in einem Affentempo vorüber. Ich habe Angst, von einem dieser Laster erfasst zu werden.

„Hier gehe ich nicht lang! Mein Rucksack ist ja breiter als dieser Fußweg!", rufe ich entsetzt.

Wir versuchen einige Male, die Brücke zu überqueren, aber jedes mal müssen wir zurücktreten, weil ein riesiger Brummer angerauscht kommt. Ich flehe wieder mal das Universum an, uns zu helfen.

Im nächsten Moment passiert das Erstaunliche. Ein Fahrer bemerkt unsere Unsicherheit. Er hält an und lässt uns durch diesen Engpass hindurch. Sicher erreichen wir die andere Seite. Ich winke ihm freundlich zu und der Brummifahrer gibt noch ein lautes Hupsignal von sich. Dann ist auch er verschwunden. Was für ein Tag! Das war die gefährlichste Stelle auf unserem Weg!

Wir durchqueren den Ort und kommen wieder auf den Jakobsweg. Rechts und links befinden sich grüne Wiesen und goldgelbe Weizenfelder. Auf einer der Wiesen staksen Störche durch das Gras. Wir sind in der Region der tausend Störche angekommen. Immer öfter entdecke ich sie jetzt auf dem Weg nach León.

Wir überqueren den Fluss Porna und kommen nach Puente de Villarente. Direkt an der Straße liegt die „Viel Glück" - Bar. Das ist doch mal ein schöner Name! Glück kann jeder Pilger gebrauchen!

Frank wartet schon auf uns. Mir ist schleierhaft, wie er das macht. Sollten wir wirklich so trödeln? Ich schieße natürlich viele Fotos auf den einzelnen Etappen und ab und zu gerate ich auch mal ins Träumen, wenn ich etwas Schönes entdecke. Da sehe ich herrlich blühende Blumen, die bizarre Bergwelt, die mich immer wieder an die Sächsische Schweiz erinnert. Ab und zu flattert auch mal ein kleiner Schmetterling vorbei. Das sind Momente, die mich glücklich machen.

In der kleinen Bar bestellen wir drei einen „Café sin leche" und ein Schokopudding-Blätterteig-Gebäck. Es schmeckt köstlich.

Frisch gestärkt machen wir uns mal wieder zusammen auf den Weg. Bald aber trennen wir uns schon wieder. Frank fährt mit dem Bus nach Leon und wir laufen weiter.

Der Weg in die Stadt wird lang. Wir kommen durch trostlose Vororte. Ein markantes Haus erweckt meine Aufmerksamkeit, denn seine Fassade ist grellrot- und apfelsinenfarbig angestrichen. Den Fluss Torio überqueren wir auf einer hübschen, blauen Brücke. Sie erspart es uns, den Weg an der Schnellstraße entlang zu laufen, und nach unendlich langer Zeit erreichen wir Leon.

Nun müssen wir nur noch das Benediktinerinnenkloster finden. Mein schlauer Reiseführer empfiehlt, immer den im Boden eingelassenen Muscheln und Pfeilen zu folgen.

Wir erreichen die Plaza Santa Maria del Camino und stehen vor dem rustikalen Tor des Klosters. Um zwölf Uhr öffnet sich die Pforte und zwei Nonnen empfangen uns. Alle Daten eines jeden Pilgers werden sorgfältig in ein dickes Buch eingetragen. Danach gibt es den Pilgerstempel und dann endlich ein Bett.

Der Schlafsaal ist eng und niedrig. Ich richte mich ein und gehe in den Waschraum. Auf dem Weg dahin kommt mir freudestrahlend Gabriele entgegen. Hier treffen wir uns also wieder. Da ich mit Jörg noch die Stadt besichtigen möchte, verabreden wir beide uns für den Abend.

Wir entdecken das Cafè „El Albanico" und haben Hunger. Die Speisekarte bietet ein Pilgermenü für 9 € an. Genüsslich verputzen wir das wirklich gute Essen und der köstliche Rotwein lässt uns den anstrengenden Tag vergessen.

Gestärkt verlassen wir die Bar und erkunden die Stadt. Die Kathedrale von Leon ist ein besonderer Höhepunkt unserer kleinen Expedition. Es ist die einzige Kathedrale in Spanien, die im 13./14. Jahrhundert im Stil der französischen Gotik erbaut wurde. Man sagt, es sei mit eine der schönsten Kathedralen des ganzen Landes.

Auf einer viel belebten Einkaufsmeile kommt uns Paolo aus Brasilien entgegen. Die Wiedersehensfreude ist groß, denn das wir ihm noch einmal begegnen würden, daran glaubten Jörg und ich nicht mehr. Aber wieder einmal sorgt der Camino für eine riesige Überraschung. Ein kurzer Smalltalk und dann heißt es: „Adios Amigo!"

Es ist Kaffeezeit. Also kehren wir in einer auf dem Weg liegenden Bar ein. Wer sitzt da grinsend am Tisch und labt sich an einem kühlen Bier? Na, das ist doch klar: Frank! Wir gesellen uns zu ihm. Hier in der Bar gibt es eine richtig gute Schokolade, die ich mir dann auch bestelle. Sie schmeckt wirklich lecker.

Anschließend laufen wir drei gemeinsam durch die engen Gassen der Altstadt. Von den Balkonen der alten Gebäude ranken bunte Blumen. In den Straßencafes sitzen fröhliche Menschen. Es macht Spaß, in den kleinen Geschäften zu stöbern.

Ich könnte mir auch ein neues T-Shirt kaufen. Das jetzige trage ich schon ziemlich lange. Heute ist es schon etwas zu spät. Ich nehme es mir für morgen vor, denn wir drei wollen noch einen weiteren Tag in Leon bleiben, da es hier noch so vieles zu sehen gibt.

Wir besuchen noch eine Kirche und lauschen dem Gesang der Kinder, die von Gitarrenklängen begleitet werden. Es breitet sich eine sehr beruhigende Atmosphäre aus. Ich erinnere mich an meine jährlichen Kirchgänge zur

Weihnachtszeit, wenn ich das traditionelle Krippenspiel besuche. Wenn die Kurrendesänger dann die alten Weihnachtslieder anstimmen, summe ich immer leise mit. Ich bin dann immer ganz gelöst und lasse das Jahr noch einmal Revue passieren.

Für den nächsten Tag verabreden wir uns mit Frank auf dem Platz vor der Kathedrale. Dann schlendern Jörg und ich ins Kloster zurück.

In der kleinen Küche bereiten wir uns einen Tee und essen von unserem Proviant. Gabriele ist auch da. Wir haben uns viel zu erzählen. Sie hat die Ruhe gefunden und sieht glücklich aus. Wir beschließen, gemeinsam die Pilgermesse zu besuchen.

Dieses Ereignis werde ich mein ganzes Leben nicht mehr vergessen. Warum? Ich versuche es zu erklären:

Eine Nonne führt uns in den Vorraum der Kirche. Auf einer Bank liegen Gesangsbücher in verschiedenen Sprachen. Wir nehmen uns eins in deutscher Sprache.

Die Nonne schaut uns alle an und dann lässt sie ein spanisches Sprachgewitter auf uns los. Wir drei verstehen nur Bahnhof, sehen uns an und zucken mit den Schultern.

Ich bemerke, dass die Spanier, die mit uns im Vorraum stehen, in ihren Gesangsbüchern blättern. Mein Unterbewusstsein flüstert mir zu: `Du musst ein Lied suchen!´ Aber welches und auf welcher Seite? Jörg und Gabriele blättern auch in ihrem Liederbuch. Die Nonne bemerkt unser verzweifeltes Suchen und zeigt uns die richtige Seite.

Nun beginnt sie zu singen. Ich bin fasziniert von ihrer engelsgleichen Stimme. Sie gibt den Einsatz vor und wir singen, jeder in seiner Sprache, das Lied mit. Und so üben wir noch einige Liedtexte, mit dem Unterschied, dass wir drei einfach machen, was wir für richtig halten. Wir blättern in unserem Büchlein und trällern die Melodien mit.

Wir haben richtigen Spaß an der ganzen Sache. Wir geben uns redlich Mühe, aber irgendwie sind wir drei immer auf der falschen Seite. Ich komme mir wie ein Erstklässler vor. Meine Schüler in der ersten Klasse mussten auch erst einmal den Umgang mit den Büchern lernen. Dieser Gedanke lockt ein Schmunzeln auf meine Lippen. Ich schiele mal zu Jörg und Gabriele rüber. Auch sie grinsen vor sich hin und ich muss mich wirklich beherrschen, nicht laut loszulachen.

Während der Messe klappt es dann mit unserer Singerei auch nicht so richtig. Obwohl die Nonne uns immer den Einsatz vorgibt, wissen Jörg, Gabriele und ich nie, auf welcher Seite die entsprechenden Lieder stehen.

„Man oh man, ich komme mir so bescheuert vor", sage ich und eine erneute Lachsalve rollt über uns hinweg.

Nach dem Verlassen der Kirche schauen wir uns nur an und können nicht mehr aufhören zu lachen. Auch später werden wir dieses Erlebnis immer wieder zum Besten geben.

Pünktlich halb zehn ist Nachtruhe. Was für ein Tag war das heute! Meine letzten Gedanken vor dem Einschlafen sind: `Lachen ist gesund und hält dich frisch und munter!´

25. Tag

León

Die Nacht verlief ruhig. Jörg und ich frühstücken noch in der Klosterherberge. Gleich danach checken wir uns nebenan im Hotel des Klosters ein, wir dürfen nämlich nur eine Nacht in der Herberge bleiben.

Normalerweise öffnet das Hotel erst um die Mittagszeit, aber wir haben, wie schon so oft, wieder einmal Glück. Wir klingeln, und tatsächlich erscheint eine Nonne und öffnet uns.

Wir ziehen in ein schönes geräumiges Zimmer mit Blick auf die Plaza del Grano. Ein Blick ins Bad zaubert ein Lächeln auf mein Gesicht. Eine große Badewanne, toll! Ich lasse mir sofort Wasser ein und nehme ein ausgiebiges Bad. Hinterher fühle ich mich wieder einmal pudelwohl.

Auf dem großen, bequemen Bett ruhe ich mich bis Mittag aus. Dann ruft Leon und so schlendern Jörg und ich durch die quirlige Altstadt.

Zuerst suchen wir einen Supermarkt auf. Dort kaufen wir für unser Abendbrot und für das Frühstück am kommenden Tag ein.

In der Auslage eines kleinen Textilladens entdecke ich ein leichtes T-Shirt. Mein innere Stimme spricht wieder mal mit mir: `Du könntest dir wirklich ein neues Shirt zum Wechseln anschaffen!´ Also rein in den Laden und anprobieren. Es passt! Mit einem orangenen Teil verlasse ich wieder das Geschäft.

Es ist sehr warm. Deshalb schlendern wir in einem wunderschönen, schattenspendenden Park. Auf einer Parkbank hänge ich meinen Gedanken nach. Ich frage mich, ob meine Freunde wohl an mich denken? Ich habe ihnen nach meiner Rückkehr in die Heimat viel zu erzählen.

Wir bummeln weiter durch die Stadt und besichtigen die Basilika „San Isidore". Der Höhepunkt aber ist die Kathedrale auf der Plaza la Regla, denn sie ist ein stilreines, frühgotisches Bauwerk. Hier treffen wir auch Frank. Bei einer Tasse Kaffee im Freien genießen wir den sonnigen Nachmittag und verabreden uns dann noch für den Abend vor dem Kloster.

Im Garten unseres Hotels bereite ich uns ein schönes Abendessen und später sitzen wir dann mit Frank auf der Mauer an der Plaza del Grano. Mit Genuss schlürfen wir den guten Rotwein. Wir beobachten die vorbeieilenden Menschen. Neben mir hat es sich ein kleiner Spatz gemütlich gemacht.

Eine Spanierin in einer wunderschönen Tracht läuft an uns vorbei. Ich springe auf und bitte sie um ein Foto mit mir. Sie lächelt, willigt ein und erzählt mir, dass sie die typische Festkleidung der Leonerinnen trägt. Mit einem „Gracias!" und „Adios!" verabschiede ich mich von ihr.

Nach und nach trudeln auch die Pilger des heutigen Tages ein. Sie müssen bis halb zehn in der Klosterherberge sein, danach schließen die Nonnen das große Tor.

Zwei Japanerinnen kommen etwas später angerannt und stehen sprachlos vor dem verschlossenen Tor. Was nun? Sie klopfen und drücken auf den Klingelknopf, aber nichts tut sich. Sie sind sehr erregt und hüpfen wie zwei aufgescheuchte Hühnchen hin und her. Endlich! Das Tor öffnet sich! Die Nonne schüttelt ihren Kopf und lässt beide Mädchen eintreten. Man sieht ihnen die Erleichterung an und schnell schlüpfen sie an der Nonne vorbei. Das Tor bleibt nun bis zum nächsten Tag geschlossen. Dann werden die nächsten Pilger wieder um Einlass bitten.

Morgen sind wir wieder auf dem Camino unterwegs und werden von der Meseta Abschied nehmen. Obwohl manche Etappen in der Meseta schön waren, bin ich froh, dass wir diese Einöde nun endgültig verlassen und die Region Kastilien betreten werden. Von da an sind es nur noch 350 Kilometer bis Santiago de Compostela. Hurra!

26. Tag

Leon - Villar de Mazarife

In dieser Nacht habe ich wie ein Murmeltier geschlafen. Kein Knistern und Rascheln von Plastiktüten, kein greller Schein der "Grubenlampen", kein Geschlurfe von Pilgern weckt mich. Gegen halb acht wache ich erst auf. Jörg ist schon auf den Beinen. Wir nehmen noch ein kleines Frühstück zu uns und verlassen dann das Hotel.

Der heutige Tag soll der schlimmste Tag für mich werden. Seit zwei Tagen quälen mich Verdauungsprobleme. Um das zu ändern, habe ich mir Tabletten besorgt, die ich dann auch vor dem Start einnehme. Bald werde ich feststellen, dass das der größte Fehler meines Lebens war.

Jörg und ich starten also gegen halb zehn. Wir laufen durch die endlos lange Stadt, erhaschen noch einen fantastischen Blick auf die Basilika San Isidoro und kommen zum Kloster San Marco. Dieses wurde im 16. Jahrhundert im Renaissancestil erbaut. Heute befindet sich in einem Teil des Klosters das Luxushotel „Parador".

Auf dem schönen Platz davor halten wir unsere Mittagspause. Es geht mir noch gut, das soll sich aber bald ändern. Wir überqueren den Fluss Bernesga. Von der großen Fußgängerbrücke, die die Bahntrasse überquert, gelangen wir in ein Wohn- und Industriegebiet.

Und hier beginnen meine Probleme. In einer kleinen Bar legen wir noch einmal eine Trinkpause ein, dann führt uns der Jakobsweg durch die Weiten der kastilischen Landschaft. Leider kann ich die wunderschöne Gegend nicht so richtig genießen. Mich quälen Bauchkrämpfe. Ich fühle mich hundeelend und am liebsten würde ich umkehren. Ich versuche mich etwas abzulenken, indem ich ein paar Bilder von der schönen, mit Büschen und Bäumen bewachsenen Hochebene mache. Auf einer Weide entdecke ich dann auch noch einen Schäfer, der auf einem Esel sitzt und seine Herde hütet. Ich bewundere auch kleine Häuser, die in einem Hügel versteckt liegen.

Trotzdem geht es mir immer schlechter. Ich bitte wieder einmal das Universum, mich von den Qualen zu erlösen. Jörg ist auch sehr besorgt. Wir beschließen, den nächsten Ort, der abseits vom Weg liegt, anzusteuern.

In einer kleinen Bar in Chozas de Abajo werde ich von meinem Übel erlöst. Ich bin überglücklich, kann ich doch nun die letzten 4,5 Kilometer locker angehen und die Schönheit der Gegend so richtig genießen. In der Bar trinken wir noch etwas und dann geht es hurtig weiter nach Villar de Mazarife.

Am Ortseingang von Villar de Mazarife zeigt ein Wegweiser zur „Albergue de Jesús", an dessen Eingang uns ein riesengroßer Stierkopf begrüßt.

„Na ja", sagt Jörg, „man muss schon viel Phantasie haben, um dieses Exemplar als Stierkopf zu sehen!"

Ich muss lachen, denn er hat recht.

Wir schreiten durch das große Tor und kommen in einen riesengroßen, schönen Garten. Mein erster Gedanke ist: `Hier werden wir heute Abend essen!´

Aber zuerst checken wir ein, bekommen unseren Stempel und ein Zwei-Bett-Zimmer.

Beim Betreten des Raumes verschlägt es mir die Sprache. Ein großes, gemaltes Bild, das eine Königin darstellt, und viele an die Wand geschriebene Sprüche und Gedichte von Pilgern laden uns zum Übernachten ein.

Wir richten uns ein. Nach dem täglichen Ritual gehen wir in den Ort. In einer kleinen Tienda kaufen wir unser Abendessen. Bei unserem Bummel entdecken wir das kleine Museum des romanischen Malers Monseñor Pintor Románico. Da mich die Malerei sehr interessiert, ist es einfach ein Muss, hier rein zu schauen.

Monseñor Pintor Románico starb vor einigen Jahren und seitdem betreut seine Tochter Kristalina sein wertvolles Erbe. Ich betrachte viele wundervolle Bilder, Grafiken und Porzellanarbeiten. Kristalina erzählt uns vom Wirken ihres Vaters. Man fühlt richtig, wie stolz sie ist, die Werke ihres Vaters vielen Menschen zeigen zu können. Wir bedanken uns für ihre interessanten Ausführungen und wünschen ihr noch viele Besucher und alles Gute.

In der Herberge zurück, bereiten wir unser Abendbrot vor. Ich zaubere aus dem Obst einen leckeren Obstsalat. Dann kommt auch noch frisches Brot, Wurst, Käse, Orangensaft und eine Flasche Rotwein auf den Tisch. Beim Anblick dieser Köstlichkeiten bekomme ich richtigen Appetit. Die frische Luft und die Abendsonne tun ihr Übriges.

Der heutige Tag war für mich doch sehr qualvoll und anstrengend, deshalb verabschiede ich mich von Jörg. Er gesellt sich noch zu den anderen Pilgern im Garten.

Ich gehe aufs Zimmer und krieche in meinen Schlafsack. Ich bin glücklich, auch diese problematische Etappe überstanden zu haben.

Morgen beginnt ein neuer Tag, darauf freue ich mich. Buenas noches!

27. Tag

Villar de Mazarife -   Hospital de Orbigo

Es war eine ruhige und erholsame Nacht. Da die heutige Etappe nicht lang ist, lasse ich mir Zeit. Die meisten Pilger sind schon unterwegs.

In der Küche bereite ich für uns ein schönes Frühstück, bestehend aus einem leckeren Rührei, Brot und Kaffee. Es schmeckt uns. Etwas später verlassen wir zwei dann auch die Herberge.

Zuerst führt uns der Weg auf einer wenig befahrenen Landstraße entlang, bevor wir wieder auf einen schmalen Weg durch Wald und Wiesen kommen. Es ist sehr ruhig. Nur das Rauschen eines kleinen Baches und das Gezwitscher der Vögel begleiten uns. Wenn ich zu Hause mit meinen Walking-Stöcken meine Runden durch die „Viehleite", so nennt man das kleine Wäldchen, drehe, begleiten mich auch immer das Rauschen der Blätter, das fröhliche Vogelgezwitscher und das friedliche Plätschern eines kleinen Baches.

Kurz vor Hospital de Órbigo überqueren wir auf einer eindrucksvollen, römischen Brücke den Fluss Órbigo. Auf dem Wasser schwimmen riesige Teppiche von weißen Blüten.

Ich stehe da und staune. „Hast du so etwas schon einmal gesehen?", frage ich Jörg.

„Mutti, wir sind in Spanien. Da ist vieles anders. Aber diese Blütenteppiche sind wirklich einmalig."

Im Ort angekommen, suchen wir die Herberge „Karl Leisner" auf und checken uns ein.

Die Herberge verbreitet ein angenehmes Flair. Als wir den Hof betreten, begrüßt uns ein riesengroßes Wandbild mit Blick auf eine wunderschöne Landschaft. Wir holen uns den obligatorischen Stempel und beziehen ein 2-Bett-Zimmer.

Nach unserer erfrischenden Dusche gehen wir erholt und froh gelaunt auf die Suche nach Frank. Wir wissen, dass er in einer anderen Herberge schläft. Also klappern wir alle Unterkünfte ab und haben Erfolg.

Frank zeigt uns seine Herberge. Überall, wohin man schaut, hängen wunderschöne Bilder.

„Diese Bilder haben Pilger gemalt, die hier übernachteten. Du kannst auch mit einem Bild die Wand schmücken", sagt Frank zu mir.

Ich erzähle ihm, dass ich auch male, mich mehr mit Landschaftsbildern befasse und das ich bei meiner Rückkehr in die Heimat einige Bilder vom Sonnenuntergang auf die Leinwand bringen werde, eine Erinnerung an meine fantastische Reise auf dem Weg der Sterne.

Wir haben uns entschlossen, in der großen, geräumigen Küche dieser Herberge wieder einmal zu kochen. Also ist einkaufen angesagt. Im Supermarkt bekommen wir alles was wir brauchen, Spaghetti, Tomatensauce, Wurst, Käse, Joghurt und zwei Flaschen Rotwein.

Nach unserer Rückkehr beginnt in der Küche ein emsiges Treiben. Während ich mit den Vorbereitungen des Essens beginne, schieben Jörg und Frank zwei Tische im Garten zusammen und stellen die Stühle dazu. Dann helfen sie mir. Jörg schnippelt die Zwiebeln und fängt an zu „weinen". Frank schneidet die Wurst. So nebenbei erzählt er mir von seinen zwei Pilgerfreundinnen Inger und Kirsten aus Dänemark. Sie sind auch hier.

„Inger hat sich ganz schlimme Blasen gelaufen", sagt Frank.

„Oh, da kann ich helfen! Ich habe eine sehr gute Salbe und eine Tinktur zum Desinfizieren in meinem Gepäck!", antworte ich. „Jörg! Läufst du schnell mal in unsere Herberge und bringst mir meinen Medizinbeutel? Ich möchte Inger helfen!"

„Keine Frage! Ich bin schon weg!"

So lerne ich Inger und Kirsten kennen. Sofort spüre ich Sympathie für beide. Meine innere Stimme sagt mir; dass wir beste Freundinnen werden. Ich bin sehr froh, dass ich helfen kann, denn ich habe die Salbe bisher nicht benötigt. Meine Füße sind heil geblieben.

„Siehst du", erzähle ich Inger, „so habe ich die Salbe und die Tinktur nicht umsonst mitgebracht. Inger, du wirst sehen, in ein paar Tagen sind die Schmerzen vergessen."

Inger bedankt sich. Wir verabschieden uns mit dem Versprechen, uns auf dem Weg wiederzutreffen.

Inzwischen haben „meine" Männer den Tisch gedeckt und zu uns gesellt sich Gisell aus München. Sie ist auch Lehrerin. Wie man sich denken kann, beginnen wir zwei Kolleginnen sofort zu fachsimpeln. Wir sind eine lustige Runde. Das Essen schmeckt und der Wein tut das übrige. Gegen 21 Uhr verabschieden wir uns und suchen unsere Herberge auf.

Ich schreibe noch mein Tagebuch, bevor ich mich schlafen lege.

Es war wieder einmal ein erlebnisreicher Tag und ein wunderschöner Abend mit Freunden. Nun freue ich mich auf morgen, auf einen neuen Tag, der unberührt vor uns liegt.

28. Tag

Hospital de Órbigo – Astorga

Heute werden wir nur ca. 18 Kilometer laufen.

Nach dem Frühstück verlassen wir Hospital de Órbigo. Es ist schon am frühen Morgen warm. Die Sonne lacht und ich sehe vor mir einen Schatten, meinen Schatten. Er bewegt sich Schritt für Schritt, immer entlang eines kleinen Baches. Das Wasser plätschert vor sich hin. Es wirkt beruhigend auf mich. Vor mir flattert ein kleiner Schmetterling und setzt sich vor meine Füße.

Einige Meter weiter kommen wir an Kirschbäumen vorbei. Die reifen Früchte schreien: „Pflückt uns, wir sind alle schon reif!" Und schon klettert Jörg auf den Baum und erntet die roten Kirschen, die wir uns dann unterwegs schmecken lassen.

Weiter geht es. Mein Schatten begleitet mich. Mal wird er länger, mal wird er kürzer. Ich mache einen großen Schritt, um ihn zu erreichen. Das gelingt mir aber nicht.

Plötzlich ist er weg. Ich stehe in einem Märchenwald. Alte, knorrige Bäume, Wurzeln und grünes Moos befinden sich rechts und links des Weges.

Ich denke: `Jetzt fehlen nur noch das Rotkäppchen und der Wolf.´

Meine Schüler haben dieses Märchen immer gern gehört. Wenn wir das nächste Klassentreffen haben, werde ich ihnen erzählen, dass ich im Märchenwald war. Ob sie es mir glauben werden?

Es ist fantastisch. Ich gehe immer weiter, mal bergauf, mal bergab. Jetzt säumen riesige Pappeln unseren Weg. Dann geht es immer stetig leicht bergauf.

Plötzlich höre ich Musik. „Träume ich oder hörst du auch was ich höre?", frage ich Jörg.

„Du hörst richtig, Mutti!", antwortet er.

Wir legen einen Schritt zu, weil wir wissen wollen, woher die Musik kommt.

Ein lautes „Welcome to Paradise!" schallt uns entgegen. Auf der Anhöhe tummeln sich Pilger um einen kleinen Versorgungsstand. Wir werden von zwei jungen Männern herzlich empfangen.

„You are welcome! Take something to eat, to drink, some fruit! Help yourself!"

Ich bin sprachlos. So etwas gibt es nur auf dem Jakobsweg.

Auf einem alten Sofa lümmelt Frank. Er ist ja immer schneller als wir, nur an Bergen und etwas steileren Hügeln kann ich ihn überholen. Ich hole mir etwas zu trinken, einen Apfel und ein paar Kekse und setze mich zu ihm. Jörg unterhält sich mit den zwei jungen Männern, die dieses Paradies geschaffen haben. Ich genieße die Ruhepause, hole mir den „Herzchen-Stempel" und gebe einen kleinen Obolus in die Spendenkasse.

Zu dritt brechen wir dann auf und erreichen nach kurzer Zeit das Wegkreuz von Santo Toribo. Von hier hat man einen fantastischen Blick auf die Bergwelt im Norden und Westen und auf die Türme der Kathedrale von Astorga.

Nun beginnt der lange Weg in die Stadt. Ich stöhne leise vor mich hin, denn das sind die Momente, die ich nicht mag. Mein inneres Ich verdreht die Augen und sagt: `Du bist eine Pilgerin, also laufe auch diese Strecke!´

Nach einem endlos langen Marsch kommen wir an eine blaue Brücke, die über einen kleinen Fluss führt. Ein kurzer Stopp für ein paar Schattenbilder von uns.

Am Ende der Brücke haben wir die Altstadt von Astorga erreicht. Ich atme auf, aber wir sind noch lange nicht in unserer Unterkunft. Da müssen wir noch einige Kilometer durch die Stadt laufen, bis wir in der Herberge "San Javier" ankommen. Wir checken ein und machen es uns auf unseren Betten gemütlich.

Die Herberge verfügt über 100 Betten in einem rustikalen, 300 Jahre alten, restaurierten Adelshaus. In dem schönen Innenhof, den man durch eine Treppe erreicht, sprudelt ein Brunnen mit Essig und Salz. Ein Fußbad darin dient zur Blasenprophylaxe. Ich habe es ausprobiert und empfand es als sehr wohltuend und entspannend.

Ich wasche noch meine durchschwitzten Sachen und hänge sie auf eine bewegliche Leine unters Fenster. Leider stelle ich beim Abnehmen der Wäsche am Abend fest, dass mir jemand einen Slip geklaut hat. Ich bin sauer! Aber dann muss ich doch grinsen und denke: `Na ja, dieser Pilgerin hat dieses Wäschestück wohl sehr gefallen!´ Tja, Leute, auch so was passiert auf dem Jakobsweg.

Frank, Jörg und ich beschließen, heute in dem berühmten Restaurant „El Gaudi", in dem auch Hape Kerkeling übernachtete, unser Pilgermenü zu essen. Dazu lassen wir uns in der Herberge Menükärtchen geben und ab geht´s in die Stadt.

Unser erstes Ziel ist der Bischofspalast. Er wurde von Antonio Gaudi erdacht und wurde zwischen 1889 und 1913 in seinem unverkennbaren neugotischen Jugendstil erbaut. Dieser Palast erinnert mich an das Schloss Neuschwanstein.

Wir bummeln durch einen Park und schauen von hier auf die alten Dächer der Altstadt von Astorga.

Langsam wird es Zeit, das Restaurant aufzusuchen. In einem großen, hellen und pompösen Saal führt uns der Ober an unseren Tisch. Ich kann mir gut vorstellen, dass sich Hape Kerkeling hier wohl gefühlt hat.

Auf der Menükarte stehen zwei Gerichte zur Auswahl. Jörg und ich bestellen gebratenen Lachs und Frank probiert eine Forelle. Natürlich gibt es auch einen köstlichen Rotwein, eine Flasche Wasser und ein leckeres Dessert.

Das ist bisher das beste Menü auf unserem Weg. Es ist außergewöhnlich gut angerichtet und schmeckt ausgezeichnet. Wie heißt es so schön im Volksmund: „Das Auge isst mit!"

Bevor wir wieder in unsere Herberge gehen, beenden wir den Tag mit einem Absacker in der Restaurantbar des Hotels. Ein Blick in den Abendhimmel verspricht für den morgigen Tag wieder schönes Wetter. Ich freue mich auf neue Erlebnisse.

29. Tag

Astorga - Rabanal del Camino

Gestern konnten wir die Kathedrale von Astorga nicht mehr besuchen. Sie war schon geschlossen. Das wollen wir heute nachholen. Ein kleiner Stadtbummel ist auch noch angesagt.

In der Herberge frühstücken wir drei ausgiebig, stellen unsere Rucksäcke im Vorraum ab und laufen zur Kathedrale.

Der Bischofspalast wurde vom Ende des 15. bis ins 18. Jahrhundert hinein erbaut. Die reich verzierten, hohen Säulen und der Hauptaltar im Renaissancestil beeindrucken mich sehr. Die Kathedrale erinnert mich an die Frauenkirche in Dresden. Diese wurde kurz vor Ende des 2. Weltkrieges zerstört. Die Ruine blieb als Mahnmal im Herzen der Stadt stehen, bis man 1992 mit dem Wiederaufbau der Kirche begann. 2005 war das Prachtwerk vollendet. Tausende von Besuchern aus aller Welt reisten an und bestaunten dieses Wunder der Baukunst.

Unser nächstes Ziel in Astorga ist das Schokoladenmuseum. Es ist hochinteressant, was wir da zu sehen bekommen. An Hand von Bildern und Werkzeugen kann man die Entstehung der Schokolade verfolgen. Es heißt, Astorga ist die Stadt „der süßen Sünden".

An einer Wand entdecke ich viele bunte Stammbilder aus dem 19. Jahrhundert. Sie erinnern mich an meine Kindheit. Es war eine Leidenschaft von mir, diese kleinen alten Bildchen zu sammeln. Reich an Erfahrung verlassen wir das Museum.

Auf einem Markt besorgen wir uns noch Bananen für den Weg, holen unsere Rucksäcke aus der Herberge und machen uns auf den Weg.

Der Himmel ist strahlend blau. Kein Wölkchen ist zu sehen. Es ist sehr warm. Ich setze mein blaues Hütchen auf und stapfe los.

Unterwegs kommen wir an einer kleinen Kapelle vorbei, die wir besuchen. Ich verweile einen Moment, betrachte den schönen Altar und wünsche mir im Stillen, dass die heutige Etappe gut und mit vielen schönen Eindrücken endet.

Der Weg führt uns nun durch einen prächtigen Eichen– und Pinienwald. Auf einem Baumstumpf sitzt ein kleiner Vogel und begrüßt uns mit seinem fröhlichen Gezwitscher. In der Ferne erstreckt sich eine bizarre Bergwelt. Ich spüre die Freiheit und bin sehr glücklich.

Am Ortseingang von El Ganso werden wir mit Musik empfangen. Ein lustiger Spanier begrüßt uns schon von weitem mit „Buenos dias!" Er bietet den vorbeikommenden Pilgern eine Unterkunft im kleinen Ort an. Unser Weg ist hier aber noch nicht zu Ende. Wir haben noch etliche Kilometer vor uns. Deshalb rasten wir hier, denn meine Füße verlangen eine Ruhepause.

Wir setzen uns unter den großen, schattigen Baum, der am Wegesrand steht. Ich ziehe meine Wanderschuhe aus und meine Füße schreien: „Hurra!" Wir essen und trinken etwas und unterhalten uns mit dem netten Spanier, der sich zu uns gesetzt hat.

Die Hälfte unserer heutigen Etappe haben wir geschafft. Die Ruhe hat gut getan. Wir verabschieden uns von dem Spanier und laufen ins Dorf El Ganso.

Ich bin gut gelaunt und trällere laut in die Botanik: „El Ganso in Sicht, El Ganso in Sicht! Da mach` ich eine Coca-Cola-Pause! Oh, wie freue ich mich!" Jörg und Frank schauen mich etwas skeptisch an, dann grinsen sie und stimmen lauthals in meinen Gesang mit ein. Meine innere Stimme jubelt: `Hast du prima gemach! Weiter so!´

Die Bar kommt in Sicht. Wir nehmen an einem kleinen Bistrotisch Platz und bestellen uns alle drei eine große Cola.

Bei dieser Hitze heute ist das kühle Getränk eine richtige Wohltat. Die kleine Erholungspause brauchen wir, denn nun beginnt ein schwieriger Abschnitt. Es geht kilometerweit auf steinigem Weg immer leicht bergan.

Zwei Kilometer vor Rabanal bleibt Frank plötzlich stehen und sagt:

„Wartet mal, ich werde mich jetzt von meinen überflüssigen Sachen trennen! Ich werde einen `Camino-Mann´ bauen!"

Ein am Wegesrand stehender Baum eignet sich prima dazu. Frank zieht ihm seine zerrissene Hose und ein kariertes Hemd an. Als Rucksack bekommt der `Camino-Mann´ einen Plastikbeutel mit Fotos und Leselektüre.

Ich stehe davor und begutachte das Werk. „Sieht toll aus! Schade, dass wir für `Frank den II.´ keinen Pilgerhut haben!"

Wir begutachten das Wunderwerk noch einmal und setzen unseren Weg fort. Es ist sehr warm und bis Rabanal del Camino geht es stetig bergan.

Ein langer Zaun mit kleinen, eingeflochtenen Holzkreuzen säumt unseren Weg. Da stecken kleine Liebesbriefchen im Zaun und jemand sucht seinen Pilgerfreund. Auf einem Papierstück sehe ich ein Herz mit dem Amorpfeil und den Initialien der beiden Verliebten. Lauter kleine Erinnerungen. Jörg hinterlässt hier sein Pilgershirt.

Inzwischen ist es immer heißer geworden. Meine Trinkration neigt sich dem Ende zu und Rabanal ist noch nicht in Sicht. Da! Endlich erblicke ich die Kirchturmspitze! Ich bin müde und abgekämpft und freue mich auf mein Bett.

In der Albergue „El Pilar" checken wir drei ein. In dieser stimmungsvollen Herberge erhalten wir in einem der zwei hellen und freundlichen Schlafsäle unsere Betten.

Das Besondere in dieser Albergue ist zweifellos der schön dekorierte Innenhof mit der Bar. Hier hocken die Pilger zusammen und lassen den Tag Revue passieren. Es herrscht eine ausgelassene Stimmung, von der wir uns auch anstecken lassen. Wir suchen uns einen Platz an einem kleinen Tisch, vertilgen ein deftiges Pilgermenü und lassen uns die kühlen Getränke schmecken.

Die Herberge ist brechend voll und von allen Seiten schwirren mir Wortfetzen aus aller Herren Länder um die Ohren. Ich fühle mich wohl und genieße noch eine Weile dieses rege Gewusel.

Da ich doch ziemlich kaputt bin und mir schon bald die Augen zufallen, wünsche ich „meinen" beiden Männern eine „Gute Nacht!" und verschwinde. Meine Eintragungen ins Tagebuch werde ich morgen erledigen.

30. Tag

Rabanal del Camino   -   El Acebo

Nach einer ruhigen Nacht und einem guten Frühstück in der Herberge machen wir drei uns auf den Weg in Richtung Foncebadón. Das ist jeden Tag ein erregender Moment, nicht zu wissen, wie der Weg wird und was wir erleben werden. Eines wissen wir aber genau: heute liegt eine lange Bergstrecke bis zum höchsten Punkt des Caminos vor uns.
Foncebadón ist als Geisterstadt mit streunenden Hunden bekannt. Jörg erzählt mir, dass er 2002 hier auch eine Bekanntschaft mit einem Streuner machte.
„Als ich an einer Schafherde vorbeikam, stand plötzlich, wie aus dem Nichts, zähnefletschend ein Hund vor mir. Mir blieb das Herz vor Schreck stehen. Weit und breit war kein Mensch zu sehen. Ich spürte den Atem des Hundes an meinem Bein. Was sollte ich also tun? Ich sagte mir: Laufe langsam weiter! Der Hund folgte mir knurrend. Erst nach geraumer Zeit ließ er von mir ab und kehrte zu seiner Schafherde zurück. Ich glaube, er wollte mich nur von seinen Schafen ablenken. Aber ich kann dir sagen, mir war in diesem Moment nicht so wohl zumute. Ich hatte echt Angst."
Ich werde später auch ein ähnliches Erlebnis haben.
Bis Foncebadón laufe ich mit Jörg noch gemeinsam. Es ist alles in Ordnung. Schon bald merke ich, dass die Stimmung umschlägt. Jörg ist ganz ruhig, er sagt kein Wort. Ich will ihn schon fragen was los ist, als er plötzlich zu mir sagt:
„Mutti, du bist wie ein zweiter Rucksack für mich. Mit dir im Gepäck kann ich den Weg nicht genießen."
Bevor ich begreife, was er mir gerade an den Kopf geworfen hat, poltert er weiter:
„Kannst du eine Etappe nicht auch mal allein gehen, ohne immer auf mich zu warten?"
Ich bleibe stehen und starre ihn an. Ich denke, ich bin im falschen Film. Meine Gedanken spielen verrückt. Zu Beginn der Reise haben wir uns geschworen, den Weg gemeinsam zu gehen und nun das. Ich habe immer noch Angst, mich auf dem Weg zu verlaufen. Ich habe immer noch Angst, ein Zeichen zu übersehen. Ich bin einfach noch zu unsicher.
Meine Augen füllen sich mit Tränen. Ich bin traurig, aber diesen Vorwurf will ich nicht auf mir sitzen lassen. Ich merke, wie ich wütend werde, schnappe meine Sachen und laufe los. Mein inneres Ich flüstert mir Mut zu: `Du schaffst das! Vertraue auf dich!´ Genau das werde ich tun! Ich muss einfach mehr Selbstvertrauen haben.

Kurz nach Foncebadón treffe ich Wenke aus Norwegen. „Hola!", begrüßt sie mich. Wir laufen ein Stück gemeinsam. Dabei erfahre ich von ihr, dass ihr das Laufen sehr schwer fällt. Sie habe sich nicht gut genug auf den Weg vorbereitet. Ich erzähle ihr, dass ich ein halbes Jahr vor Beginn dieser Reise jeden Tag ca. 12 Kilometer gelaufen bin.

„Das ist super! So hätte ich mich auch vorbereiten sollen, dann würde mir das Pilgern jetzt mehr Spaß machen", sagt sie.

„Ach, weißt du", antworte ich, „laufe deinen Schritt und erfreue dich an der schönen Natur, an der herrlichen Bergkulisse und genieße die Ruhe, dann macht dir der Weg auch Spaß. Und du hast ja auch ein Ziel vor Augen, nämlich Santiago de Compostela. Vielleicht läufst du auch noch ans Ende der Welt, bis zum Kap Finisterre? Das ist mein Ziel, und vielleicht noch ein Stück weiter nach Muxia. Habe einfach Vertrauen zu dir, dann schaffst du das."

Ich, die bisher immer Angst hatte den Weg zu verfehlen, gebe solche Ratschläge? Wahnsinn! Aber gleichzeitig mache ich mir ja auch selbst Mut. Das brauche ich jetzt auch.

Ein Stück laufen wir noch gemeinsam, dann trennen wir uns. Ich möchte meinen Laufstil, der etwas schneller ist, beibehalten. Ich verabschiede mich von Wenke:

„Adios! Buen camino! Viel Glück auf deinem Weg und vielleicht treffen wir uns irgendwann wieder!"

Bis zum Rabanal-Pass, der 1540 Meter hoch liegt, ist es nicht mehr weit. Und dann endlich habe ich es geschafft. Ich bin an einem der magischsten Orte des gesamten Camino angekommen. Auf einem 1000 Jahre alten Steinhaufen steht das „Cruz de Ferro", ein fünf Meter hoher Eichenmast, dessen Spitze ein kleines Eisenkreuz ziert.

Nach alter Tradition bringt jeder Pilger einen Stein aus der Heimat mit und legt ihn hier ab. Auch ich habe meinen Stein bis hierher getragen. Als ich vor dem gewaltigen Steinberg stehe, werde ich traurig. Diesen Ort wollte ich mit Jörg gemeinsam erreichen. Wir wollten gemeinsam unseren Stein ablegen und auch ein paar Erinnerungsfotos machen. Dieser Wunsch erfüllt sich nach unserem heutigen Streit leider nicht.

Das Ablegen der Steine steht für viele Pilger als symbolisches Zeichen des Loslassens innerer persönlicher Lasten. Ich lege meinen Stein zu den anderen, schließe die Augen und spreche mal wieder mit dem Universum:

„Bitte, hilf mir, mich mit Jörg so schnell wie möglich wieder zu vertragen!"

Birgit, die mir auf dem Weg von Roncesvalles nach Larrasoana davon erzählte, sollte recht behalten. Es wird funktionieren, wie ich am heutigen Tag noch feststellen werde.

Ich bitte einen Pilger, ein Erinnerungsfoto von mir zu machen. Dann verlasse ich mit Tränen in den Augen diesen Ort. Diese Minuten hier werde ich niemals vergessen.

Ich laufe über einen Höhenkamm mit einem prächtigen Ausblick in die Sierra del Teleno. Violette Heide und gelber Ginster säumen meinen Weg. Ich vergesse kurz meine Traurigkeit und erfreue mich an diesem Farbenrausch.
Auf einer Bank am Wegesrand ruhe ich mich aus und schreibe meine Gedanken nieder. Ich erinnere mich an den Beginn meiner Reise. Ich bin mit so vielen Fragen losgelaufen: Werde ich den langen Weg ohne Probleme schaffen? Werde ich mich von einigen Dingen lösen können? Werde ich mich mit Jörg vertragen? Was wird mir der Weg bringen? Jetzt kann ich sagen, dass der Weg, wenn ich vom heutigen Tag absehe, bisher sehr schön war. Ich wünsche mir für die weiteren Etappen, dass es so bleibt.
Zufrieden mit mir und der Welt setze ich meinen Weg nach El Acebo fort. Noch in Gedanken versunken, läuft Jörg an mir vorbei. Hat er mich nicht gesehen? Er ist nicht glücklich, genau wie ich. Aber wir sind beide noch nicht bereit, uns zu vertragen. Also laufe ich wieder hinter ihm. Aber mein Gott, ich kann mich ja nicht in Luft auflösen.
Ich gelange in das Dörfchen Manjarin. Zwischen Ruinen steht die urigste Herberge des Camino. Hier lebt Tomás mit seinem Kampfgefährten. Ei-

gentlich wollte Tomás 1993 nach Santiago de Compostela laufen, entschied sich dann aber in der Einsamkeit von Manjarin zu bleiben und in der Tradition der Tempelritter für die Pilger zu sorgen.

Vor dem etwas heruntergekommenen, bunten Bretterhaus steht ein selbstgebastelter, bunt bemalter Wegweiser. Er macht auf die Entfernungen nach Rom, Jerusalem, Berlin, Mexiko und New York aufmerksam. Ich bin neugierig und betrete den düsteren Raum.

Freudig werde ich von zwei bärtigen Männern empfangen. Einer der beiden hockt vor einem großen Topf und schält Kartoffeln. Er grinst mich an und sagt:

„Hola! Puedes decirme pelar las mismas horas durante la ayuda de papa!"

Ich schaue ihn verdutzt an, denn ich verstehe ihn nicht. Er fuchtelt mit den Händen herum und zeigt immer wieder auf den Topf und die Kartoffeln. Ah, jetzt verstehe ich, ich soll mit ihm Kartoffeln schälen. Ich schüttle lachend den Kopf und antworte ihm:

"Oh no! I still have a long way to go! I will only rest for a short while for a coffee sin leche!"

Die beiden Bärtigen grinsen und bereiten mir einen wirklich guten Kaffee. Es sind ein paar lustige Minuten, die ich in dieser urigen Hütte verbringe, sie tun mir gut. Den Streit mit Jörg habe ich fast vergessen. Froh gelaunt verabschiede ich mich und wünsche beiden „Tempelrittern" viel Glück.

Die nächsten Kilometer laufe ich auf einem steinigen Pfad durch eine schöne, wenig bewaldete Berglandschaft, die mir eine traumhafte Aussicht bietet. Plötzlich stutze ich. Ich habe lange keine Muschel oder einen gelben Pfeil mehr gesehen. Habe ich mich verlaufen? Habe ich ein Zeichen übersehen? Bei diesem Gedanken fängt mein Herz mächtig an zu pochen. Das ist der Moment, vor dem ich mich immer gefürchtet habe. Ohne Reiseführer, ohne Karte bin ich hilflos.

Ich sage mir: `Bleib ruhig und überlege, was zu tun ist.´

Ich setze mich auf einen Baumstumpf und atme tief durch. Ich erinnere mich an Gespräche mit Pilgern, die auch schon in so einer Situation waren. Es heißt: Laufe 100 Schritte geradeaus weiter. Wenn du dann kein Zeichen findest, laufe den Weg bis zur zuletzt gesehenen Muschel zurück!

Ich beginne meine Schritte zu zählen:

„Eins, zwei, drei . . . zehn . . . zwanzig . . . fünfzig . . . „

Noch ein paar Schritte und dann die Erlösung! Ich entdecke die ersehnte Muschel!

Mir fällt ein Stein vom Herzen und ich vollbringe einen kleinen Freudentanz. Wenn mich hier jemand beobachtet, denkt er sicher: `Oh je, jetzt hat es die aber erwischt!´ Aber ich bin so glücklich, denn es ist meine erste Etappe, die ich allein laufe.

Nur noch eine steile Geröllpiste hinunter und ich bin in El Alcebo. Ein stolzes Gefühl breitet sich in mir aus und mein Unterbewusstsein tanzt auch vor Freude und raunt mir zu: `Siehst du, du hast es geschafft!´

Mein Ziel ist die Kirche. Gegenüber befindet sich die Herberge, ein rustikales, schön renoviertes Steinhaus mit 23 Betten.

Die freundlichen, einfühlsamen Hospitaleros begrüßen mich. Die Hospitalera stammt aus Brasilien, ihr Ehemann ist Deutscher. Ich bin beim Einchecken so glücklich, dass ich meine Tränen nicht mehr zurückhalten kann. Die Hospitalera erschrickt und fragt mich, was los ist. Ich erzähle ihr vom Streit mit meinem Sohn, aber auch von meinem glücklichen Gefühl, die heutige Etappe allein gemeistert zu haben. Ich erzähle ihr, dass ich nicht weiß, wo Jörg ist und das ich mich mit ihm ganz schnell wieder aussöhnen möchte.

Die Hospitalera nimmt mich in den Arm und sagt:

„Christel, auf dem Jakobsweg geht niemand verloren. Auch dein Sohn wird hier ankommen."

Etwas erleichtert suche ich mein Schlaflager auf und erledige das tägliche Ritual: Schlafsack raus, duschen, Wäsche waschen und ein wenig ausruhen. Ja, ja, ich weiß, ich wiederhole mich.

Als ich vom Duschen komme, steht Jörg mit der Hospitalera im kleinen Vorraum und strahlt mich an. Er kommt auf mich zu, umarmt mich und fragt leise:

„Mann, Mutti, was hast du denn der Hospitalera erzählt?"

"Warum?", frage ich scheinheilig.

"Als ich einchecken will und sie meinen Namen liest, ging aber was los hier", antwortet er. „Sie schimpfte wie ein Rohrspatz. Ich solle mich schleunigst bei dir entschuldigen, was ich hiermit tue. Entschuldige! Wir wollen doch beide diesen Weg schaffen. Übrigens bin ich stolz auf dich, dass du es bis hierher allein geschafft hast."

Ich strahle Jörg an und bin sehr erleichtert. Alle Unstimmigkeiten sind im Nu vergessen.

Nachdem auch Jörg geduscht hat, gehen wir beide in den kleinen Park am Ortsanfang. Hier treffen wir Frank. Er hat in einer anderen Unterkunft eingecheckt, entschließt sich aber, in unsere Herberge umzuziehen.

In der Zwischenzeit erzähle ich Jörg mein Erlebnis bei Tomás. Der Gedanke an die beiden „Tempelritter" zaubert ein verschmitztes Lächeln auf mein Gesicht. Jörg ist an der Bretterbehausung auch vorbeigegangen und ärgert sich jetzt, dass er nicht eingekehrt ist.

Frank kommt in den kleinen Park zurück. Wir haben unsere Wegverpflegung mitgenommen, im Freien schmeckt es doppelt so gut. Die Liegestühle im Park laden zum Ausruhen ein. Ich genieße die Sonne und lasse diesen verrückten Tag noch einmal in meinem Gedächtnis ablaufen. Ich bin so froh, dass sich alles zum Guten gewendet hat. Hier im Park entschließe ich mich, die nächsten Etappen streckenweise allein zu laufen.

Noch in meine Gedanken versunken, höre ich ein freudiges „Hola!". Inger und Kirsten aus Dänemark sind auch hier gelandet.

Die Wiedersehensfreude ist groß. Beide werden gegenüber des Parks in einem kleinen Haus nächtigen und gesellen sich zu uns.

Nun schwatzen alle durcheinander. Jeder erzählt von seinen Erlebnissen auf dem Weg. Es ist einfach schön, wenn man immer wieder gute Freunde trifft. Inger zeigt mir ihre Fußblasen, die ich vor drei Tagen in Hospital de Orbigo behandelt habe.

„Es sieht gut aus, Christel! Kannst du mir noch einmal neue Salbe und ein Pflaster auf die abheilenden Wunden geben?"

„Aber ja, das mache ich doch gern!", entgegne ich. „Dann habe ich diese Heilmittel nicht umsonst mitgenommen. Ich werde sie ja nicht mehr brauchen und ich freue mich, wenn ich helfen kann."

Später schlendern wir noch durch das Dorf. Es ist sehr ruhig hier.

Eine Besonderheit gibt es in El Acebo aber. 1987 verunglückte am Ortsausgang ein deutscher Fahrradpilger. Zum Andenken an ihn hat man ein Denkmal gesetzt, auf einem Sockel steht sein Fahrrad. Auf dem langen Weg nach Santiago habe ich schon einige Kreuze von tödlich verunglückten Pilgern gesehen.

Der Abend ist noch schön und ich setze mich vor die Herberge und schreibe meine Erlebnisse des heutigen Tages auf. Ich bin glücklich, obwohl heute nicht alles so in Erfüllung ging, wie ich es mir gewünscht hatte. Eines aber habe ich heute festgestellt: Ich habe meine Ängste in den Griff bekommen und werde einige Etappen allein laufen. Was für ein großer Erfolg für mich.

31. Tag

El Acebo - Ponferrada

Nach einem ausgiebigen Frühstück verlassen wir den kleinen Ort. Vorbei am Radfahrerdenkmal laufen wir bergauf und bergab auf dem Jakobsweg. Ich setze mich ab und laufe allein, so wie ich es mir gestern vorgenommen habe.

Auf gut markierten Wegen komme ich in das liebliche Nachtigallental. Den Weg säumen herrlich weiß blühende Esskastanien. Ich laufe durch kleine verschlafene Dörfchen, deren Häuser mit bunten Blumen geschmückt sind. Auf saftig grünen Wiesen grasen Schafherden. Mich beeindruckt immer wieder die schöne Landschaft und ich denke, wie schön das Leben doch sein kann, wenn man glücklich ist. Und ich bin glücklich.

Über eine alte Römerbrücke erreiche ich Molinaseca. In einer kleinen Bar, gleich hinter der Brücke, sitzen Inger und Kirsten. Ich geselle mich zu ihnen und wir plaudern fröhlich drauf los, wie der Weg war und was so unterwegs passiert ist. Jedenfalls haben wir viel Spaß.

Ich warte auf Jörg und Frank und bestelle mir in der Bar etwas zu trinken. Der Barbesitzer ist ein freundlicher, etwas rundlicher Mann mit einem fröhlichen Lächeln auf dem Gesicht. In Deutschland sagt der Volksmund: Die Dicken sind gemütlich! Das kann ich von diesem Spanier auch sagen. Ich bekomme nicht nur meinen Pilgerstempel, sondern auch noch etwas ganz persönliches auf einen Zettel geschrieben.

Da lese ich: „Kein Kind lebt ohne das Licht der Mutter und keine Mutter lebt ohne das Licht des Lebens." Als er mir den Zettel gibt, küsst er mich und wünscht mir ein "Buen camino". Ich bin sehr gerührt und meine Augen werden feucht.

Jörg und Frank sind inzwischen auch eingetrudelt. Stolz zeige ich ihnen meinen wertvollen Zettel.

Wir verlassen die kleine Bar und laufen einige Kilometer auf dem Bürgersteig neben der Landstraße. Nach einem kleinen Anstieg geht es wieder bergab. Nun bieten sich zwei Wegalternativen an. Entweder wir laufen weiter an der viel befahrenen Landstraße entlang oder wir nehmen einen 1,7 Kilometer längeren Weg. Im Reiseführer lese ich, dass es der schönere und ruhigere Weg ist, der über die Ortschaft Campo führt. Wir drei entscheiden uns für diese Variante.

Am Ortsrand von Ponferrada überqueren wir auf einer alten Steinbrücke den Fluss Boeza. Ponferrada ist die Hauptstadt der Region Bierzo, einem fruchtbaren Gebiet, das zwischen Kastilien und Galicien liegt.

Als wir in der einzigen kirchlichen Pilgerherberge ankommen, warten schon zig Pilger auf eine Unterkunft. Wir reihen uns geduldig in die Schlange ein. Ich schaue mich im Hof um. Die Fenster der Schlafräume sind vergittert. Ich schmunzel und denke: `Na toll, heute mal eine Nacht hinter Gittern!´ Wir bekommen dann auch von den Hospitaleras ein Zimmer mit vier Betten zugewiesen.

Den Nachmittag verbringen wir in der Stadt. Wir entdecken einen Stein, der uns sagt, dass es bis Santiago de Compostela nur noch 202,5 Kilometer sind.

Wenige Schritte weiter gelangen wir zur Templerburg. Sie ist eine der bedeutendsten Zeugnisse mittelalterlicher Architektur. Im 12./13. Jahrhundert von Templern erbaut, sollte die Burg und die Brücke über den Fluss Sil den Weg der Pilger sichern.

Den Abend verbringen wir drei im Garten unserer Herberge, trinken einen guten Rotwein und lauschen dem Gesang und den Gitarrenklängen einer tschechischen Jugendgruppe. Der Tag hat uns wieder einmal viele schöne Momente gebracht. Zufrieden kuschele ich mich in meinen Schlafsack und freue mich auf den Nächsten.

32. Tag

Ponferrada - Cacabelos

Heute müssen wir die Herberge schon zeitig verlassen. Am Ende der Stadt ist ein kleiner Park. Hier machen wir eine kleine Frühstückspause. Weiter geht es dann durch ein blühendes Gebiet mit viel Wald, riesigen Weinbergen, imposanten Gebäuden und Wegweisern. Frank hat sich wieder einmal flotten Schrittes auf und davon gemacht. Wir werden uns am Abend in der Herberge treffen.

Zaghafte Sonnenstrahlen brechen durch die Wolken. Es verspricht ein schöner Tag zu werden. Ich bin froh gestimmt und freue mich auf den Weg. Wer weiß, was er uns heute bringt. Auf dem Camino kann sich alles in kürzester Zeit verändern. Somit ist jeder Tag aufs neue ein spannender Moment, nicht zu wissen, wie der Weg ist, was wir erleben und wo wir am Abend sein werden.

Den Wegesrand säumen Kirschbäume. Das ist so verlockend, dass wir uns sofort mit diesen dunkelroten, köstlichen Früchten versorgen. Ein süßes Dessert für den Abend.

Beim Studieren meines Reiseführers lese ich, dass wir am Ende des Dorfes Camponaraya auf eine besondere Bodega treffen. Wenn wir Glück haben, bekommen wir hier kostenlos ein Glas Wein. Eine Bedingung müssen wir jedoch erfüllen.

Es heißt: „Gehe in den Laden und sprich: `Tiene un poquito de vino para un peregrino muerte de sed, por favor?´ (Haben sie ein bisschen Wein für einen zu Tode durstigen Pilger, bitte?)" Bis wir die Bodega erreichen, lernen Jörg und ich diesen Satz und haben viel Spaß dabei.

Trotz unserer schön gesprochenen Bitte haben wir in der Bodega kein Glück. Wir zahlen jeder einen Euro und probieren den Wein. Mir ist er zu herb. Jörg scheint er aber zu schmecken. Na dann: Prost!

Nach dieser kleinen Erholungspause machen wir uns munter auf den Weg durch grüne Wälder und verschlafene Dörfer. Jetzt kommen wir auch an den ersten Pulperias (Biergärten) vorbei. Wenn ich in Berlin bin, suchen meine Söhne und ich bei schönem Wetter auch einen Biergarten auf. Da ist immer was los. Hier entgegen ist es sehr ruhig.

Als wir den Fluss Cua überqueren, treffen wir Frank wieder. Übrigens gibt es hier am Fluss auch einen Badestrand. Am Ortsende erreichen wir dann endlich die einzige Pilgerherberge an der Kirche. Die kleinen, einfachen Doppelkabinen sind in origineller und traditioneller Weise wie ein Kranz um den Kirchhof gebaut.

Wir verbringen den Rest des Nachmittags im Ort. Interessant ist eine alte

Weinpresse aus dem Mittelalter. Ich kann mir überhaupt nicht vorstellen, wie mit diesem Monstergerät Wein gepresst wurde.

In einem Cafe trinken wir unseren „Cafe sin leche". Dann kaufen wir noch für den morgigen Tag die Wegverpflegung ein.

Mittlerweile ist es Abend geworden und wir drei verspüren Hunger. Wir entdecken ein tolles Hotel. Ein wunderschöner Innenhof mit liebevoll gedeckten Tischen lädt zum Verweilen ein. Ein netter Kellner kommt an unseren Tisch und bringt die Speisekarte. Ein Blick hinein verspricht gutes Essen mit Superpreisen. Ich bestelle eine spanische Spezialität, die in Deutschland vergleichbar mit Hackepeter ist. Jörg hat Appetit auf gegrilltes Gemüse, dass auch sehr köstlich aussieht. Frank bestellt Lachs. Dann bestellen wir auch noch Cola und Wasser und können dann endlich unseren Hunger stillen.

Jeder nascht mal vom Teller des anderen. Alles schmeckt richtig gut. Wir sind mit unserer Wahl sehr zufrieden. Na dann: „Buen apetito!"

Anschließend mache ich noch einen kleinen Spaziergang zum Fluss hinunter. Der Abend ist lau und ich genieße die Ruhe.

Wieder in der Herberge angekommen, setze ich mich vor unsere Kabine und schreibe die Erlebnisse des Tages in mein buntes Büchlein. Jörg und Frank lassen den Tag mit einer Flasche Rotwein ausklingen. Ein schöner Tag geht zu Ende und morgen beginnt ein neuer. Was wird er uns bringen?

33. Tag

Cacabelos - Trabadelo

Gegen halb acht wache ich nach einer ruhigen Nacht auf.

Mein erster Blick zum Himmel verspricht super Wetter. Nur kleine Wölkchen ziehen am blauen Firmament vorbei. Schnell die Morgentoilette erledigen und einen „Cafe americano" aus der Getränkebox holen. Dann verlassen wir die Herberge in Richtung Villafranca del Bierzo.

Der Morgen ist noch kühl und es läuft sich gut. Wir kommen durch riesige Weinfelder mit Blick auf die Berge in weiter Ferne. Mein treuer „Brauner" auf dem Rücken ist kaum zu spüren. Ein guter Start für die kommenden 20 Kilometer. Mal sehen, was uns der lange Marsch bringen wird.

Da wir heute Morgen nur einen „Cafe americano" getrunken haben, kehren wir in dem kleinen Ort Valtuille de Arriba bei einem netten Spanier ein. Er hat seine Garage in eine kleine Bar verwandelt und wartet auf Gäste.

Wir sind heute die ersten. Von weitem habe ich schon den Kaffeegeruch in meiner Nase verspürt und nun sitze ich hier und genieße einen guten „Cafe sin leche" und ein Stückchen selbst gebackenen Kuchen.

Am Ende des kleinen Dorfes rasten Jörg und ich noch einmal. Auf einer Bank packen wir Brot, Käse und Schokolade aus. Ich kann ohne ein gutes Frühstück nicht in den Tag starten. Also lasse ich es mir schmecken. Noch einen kräftigen Schluck aus der Wasserflasche und es kann weiter gehen. Ultreia!

Vor uns liegt eine wunderschöne Landschaft mit saftig grünen Wiesen und vielen weiß blühenden Esskastanien. Plötzlich ertönt ein lautes „Iaaaah!".

Da steht doch tatsächlich ein grauer Esel auf der Wiese und glotzt mich treuherzig mit seinen großen Kulleraugen an. Ich habe gehört, dass die Esel auf dem Jakobsweg auch Wegbegleiter der Pilger sind. Auf dem Rücken transportieren sie dann das Gepäck. Auch das ist pilgern.

Wir erreichen Villafranca del Bierzo. Dieser Ort wird auch das „kleine Compostela" genannt. Nicht nur wegen der zahlreichen Kirchen und einer Burg aus dem 16. Jahrhundert, sondern auch, weil den Pilgern hier schon der Ablass von den Sündenstrafen gewährt wurde, wenn sie auf dem Weg erkrankten und die Pilgerreise nicht mehr fortsetzen konnten.

Durch kleine, enge Gassen erreichen wir die Plaza. Hier legen wir eine Trinkpause ein und ich studiere den Reiseführer. Er bietet zwei Möglichkeiten an, um nach Trabadelo zu kommen. Der reguläre Weg, den auch Hape Kerkeling gelaufen ist, verläuft auf einem Asphaltstreifen entlang der nahegelegenen Autobahn. Jörg und ich entscheiden uns für die Neben-route, die zwei Kilometer länger, aber um so schöner ist.

Also verlassen wir das idyllische Städtchen vorbei an der Santiago-Kirche über eine Brücke, die über den Fluss Búrbia führt. Wir laufen über den „Camino duro", der auch der harte Weg genannt wird. Jetzt werde ich echt gefordert. Nun können meine Beine zeigen, wie gut ich sie trainiert habe. Mein treuer „Brauner" macht es mir auch leicht, denn ich spüre ihn kaum. Also los geht´s! Kilometerweit steige ich immer steil bergan. Ich komme an großen Felsen vorbei, laufe durch Hohlwege und über einen unbewal-deten Hang. Rechts und links erfreue ich mich an lilafarbenen Heidekraut-sträuchern. Fern jeder Zivilisation bietet sich mir eine wunderschöne Aus-sicht über Villafranca del Bierzo und das folgende Tal. Ich schaue hinun-ter und sehe die Pilger wie kleine Ameisen am Rande der Autobahn ent-lang schleichen. Als ich am höchsten Punkt, etwa 450 m Höhenunter-schied, ankomme, bewegen sich da unten nur noch winzige Pünktchen. Ich fühle mich hier oben so frei. Der Himmel ist zum Greifen nah, die Bergwelt so faszinierend.

Entlang eines prächtig weiß blühenden Esskastanienwaldes erreichen Jörg und ich das kleine verschlafene Bergdörfchen Pradela. Keine Menschen-seele ist um die Mittagszeit zu sehen. Die Einwohner halten Siesta. Ich wage kaum aufzutreten, so still ist es hier.

128

Bald schon gelangen wir in einen märchenhaften Wald. Ich entdecke viele beeindruckende und emotionale Kleinode. Pilger bringen auf unterschiedliche Art und Weise ihre Gefühle zum Ausdruck. Zwischen großen Steinen klemmt ein Holzbrettchen nur mit dem Wort „Vertrauen". Dieses eine Wort berührt mich sehr. Dieses eine Wort ist im Leben so wichtig. Dieses eine Wort wird mich auf meinem weiteren Weg begleiten.

Noch ein kleines Stückchen durch den Märchenwald und wir kommen in La Faba an. In einer kleinen Bar legen wir nach dem anstrengenden Aufstieg eine längere Pause ein. Es ist sehr warm geworden und da schmecken die kalte Cola und das kühle Bier jetzt besonders gut. Ein leichtes Hungergefühl macht sich bei mir auch bemerkbar. In der kleinen Bar gibt es aber nichts zu essen.

Ich überlege, wie wir etwas Essbares zwischen die Zähne bekommen. Da rumpelt doch tatsächlich in rasanter Fahrt ein „Pane"-Auto an uns vorbei und hält kurz darauf an. Mein inneres Ich lacht, mein Gesicht strahlt. Ich springe auf und renne zum Auto. Ich bekomme ein noch ganz warmes Brot. Mit dem Käse, den wir haben, schmeckt es besonders köstlich und unsere Mittagspause ist gerettet.

Frisch gestärkt geht es noch einige Kilometer bergab. Die Sonne prasselt auf uns herab. Noch ein paar Schritte und wir erreichen den Wald. Die Bäume spenden uns den ersehnten Schatten. Welch´ eine Wohltat!

Am späten Nachmittag erreichen wir Trabadelo und checken in der Gemeindeherberge ein. Ich bin erstaunt, wie ruhig es hier zugeht. Das ist mal was Neues.

Schnell geduscht und Wäsche gewaschen, und dann gehen wir beide auf die Suche nach Frank. Wir finden ihn in der Herberge am Ortsanfang.

Heute wollen wir wieder mal gemeinsam kochen. Auf dem Rückweg in unsere Unterkunft kaufen wir noch ein. Es gibt Spaghetti, Tomatensauce mit Wurst und natürlich reichlich Rotwein und Wasser. Wir drei essen im Garten, da schmeckt es uns besonders gut. Wir genießen die Abendsonne und tauschen unsere Erlebnisse des heutigen Tages aus.

Da die heutige Etappe doch sehr anstrengend war und morgen uns wieder eine sehr lange erwartet, verabschieden wir uns von Frank und suchen unsere Betten auf.

34. Tag

Trabadelo - O Cebreiro

Ich habe gut geschlafen. Die heutige Etappe wird schwierig und viel Kraft und Ausdauer kosten. Heute erreichen wir nämlich den Grenzpass zu Galicien. Aber bis dahin ist es noch ein langer Weg. Ultreia, ultreia!
Wir starten zu dritt in Richtung O Cebreiro, trennen uns dann aber bald wieder. Unser Weg führt uns ständig bergauf und bergab. Wir kommen durch grüne Wälder, umgeben von herrlich grünen Berghängen. Der Morgen ist noch kühl und so kommen wir gut voran. In Hospital kehren wir in einer Bar ein, um unseren Durst zu stillen. Hier treffen wir auch Frank wieder. Gemeinsam streben wir unser nächstes Ziel steil bergauf bis zu einer Höhe von 1300 Metern an.

Um 14.45 Uhr erreichen wir prustend und schwitzend den Grenzstein auf der Passhöhe. Wir betreten nun Galicien. Für uns drei ist das ein erhebender Moment, denn wir haben die letzte Region unseres Jakobsweges erreicht. Noch ca. 160 Kilometer und wir werden in Santiago de Compostela einlaufen. Von dieser Erkenntnis bin ich so überwältigt, dass ich feuchte Augen bekomme. Meine innere Stimme spricht wieder mal mit mir:

131

`Siehst du, du hast es fast geschafft. Du musst nur an dich glauben.´ Nie im Leben hätte ich gedacht, dass ich mal den Jakobsweg gehen und ihn ohne größere Probleme auch schaffen werde. Aber ich stehe hier oben und bin glücklich. WIR sind glücklich.

Übrigens trägt der Pass bei deutschsprachigen Pilgern auch den Spitznamen „Oh! Krepiero!". Krepiert bin ich zwar nicht, aber fix und fertig. Noch ein kurzes Stück durch eine herrlich blühende Landschaft und wir kommen in dem kleinen Ort O Cebreiro an. Wir holen unseren Pilgerstempel, bezahlen die Unterkunft und marschieren in die Herberge.

Dort suchen wir uns ein Schlaflager, duschen und waschen unsere durchschwitzten Wanderklamotten. Dann ist eine kleine Siesta für uns drei angesagt, bevor wir uns im Ort umschauen.

Gut ausgeruht wollen wir nun die kleine Pfarrkirche besuchen. Hier wird der Heilige Gral von O Cebreiro aufbewahrt. Der Legende nach hat sich in der Kirche folgendes zugetragen:

An einem stürmischen Winterabend hat sich ein Bauer aus dem Tal durch die eisige Winternacht auf dem „Camino duro" nach oben gequält, um der Weihnachtsmesse beizuwohnen. Da außer dem Bauern aber niemand da war, weigerte sich der Priester die Messe zu lesen. Der Bauer aber beharrte auf seinem Recht und so las der Priester die Messe und reichte anschließend dem Bauern das Abendmahl. Da verwandelte sich der Wein zu Blut und die Hostie zu Fleisch.

Der Kelch, der Wundergral, und der Hostienteller sind in der Kirche heute noch hinter einer Glasscheibe zu bewundern. Leider stehen wir vor verschlossener Tür. Schade! Man sagt, dass die Kirche ein kleines Juwel ist. Aber so ist das nun mal. Nicht alle Wünsche gehen in Erfüllung, auch nicht auf dem Jakobsweg.

Also schlendern wir erst einmal zur nächsten Bar. Dort sitzen wir drei draußen an der Mauer, genießen die kühlen Getränke und die Sonne, und studieren unseren Wanderführer.

Plötzlich werde ich mit einem lauten „Hola!" aus meinen Gedanken gerissen. Frank lacht und zeigt auf zwei Pilgerinnen.

Ich traue meinen Augen nicht, da kommen doch tatsächlich Inger und Kirsten angeschlendert. Ich springe von der Mauer und schon liegen wir uns in den Armen. Wir freuen uns sehr und verbringen den Nachmittag gemeinsam, erzählen den neuesten Camino-Klatsch und reden über unsere Erlebnisse vom Weg. Da wir heute wieder einmal ein zünftiges Pilgermenü essen wollen, verlassen wir Inger und Kirsten und verabreden uns für den Abend.

Das Pilgermenü ist reichlich und schmeckt super. Anschließend schlendern wir gestärkt und froh gelaunt noch durch den kleinen Ort. Wir stöbern in den kleinen Souvenirläden und haben viel Spaß beim Anprobieren von Sonnenhüten.

Von der Mauer, die den Ort umgibt, bietet sich uns ein atemberaubender Blick in die vor uns liegende Bergwelt von Galicien. Meine Gedanken verirren sich wieder mal in die Heimat. Von meinem Balkon aus sehe ich auch täglich die bizarre Berglandschaft der Sächsischen Schweiz. Es ist ein traumhaft schönes Wandergebiet. Wenn ich wieder zu Hause bin, werde ich den Malerweg laufen. Das ist ein 112 km langer Wanderweg durch die Sächsische Schweiz, der sehr anspruchsvoll und schön sein soll.

Der Abend rückt heran und wir marschieren in die Herberge zurück, wo Inger und Kirsten schon auf uns warten. Wir wollen gemeinsam den Sonnenuntergang schauen. Gegen 22.30 Uhr erleben wir ein faszinierendes Naturschauspiel. Wir stehen am Fenster und beobachten die untergehende Sonne. Keiner sagt ein Wort, alle sind in Gedanken versunken.

Ich breche das Schweigen und sage: „Wir haben morgen eine lange Etappe vor uns. Wir sollten uns schlafen legen."

„Morgen früh lade ich euch zum Frühstück ein", antwortet Kirsten.

Wir schauen alle etwas erstaunt und nehmen die Einladung an. Inger flüstert mir ins Ohr: „Kirsten hat morgen Geburtstag!"

„Also, dann bis morgen früh! Buenas noches!"

Jörg, Frank und ich überlegen, wie wir Kirsten eine kleine Freude bereiten können und entschließen uns, ihr ein Geburtstagsständchen zu singen. Mit meinen Schülern singe ich zu Geburtstagen immer das Lied "Weil heute dein Geburtstag ist, da haben wir gedacht . . . ". Jörg und Frank kennen es auch und so ist es beschlossene Sache.

Ich kuschel mich in meinen Schlafsack und versuche zu schlafen, aber so leicht ist das heute nicht. Ein kräftiges Schnarchkonzert erfüllt den Saal. Na, dann: "Gute Nacht!"

35. Tag

O Cebreiro - Triacastela

Wie vorauszusehen war, habe ich nicht gut geschlafen. Ich konnte das Schnarchen einfach nicht ausblenden. Ich bin etwas zerknautscht und unausgeschlafen. Eine kalte Dusche ins Gesicht muntert mich ein wenig auf. Ich freue mich auf einen guten Kaffee, der meine Lebensgeister wecken soll.

Gegen acht verlassen wir die Herberge und laufen in die Bar gegenüber. Dort erwarten uns schon Inger und Kirsten. Wie am Abend zuvor beschlossen, begrüßen wir Kirsten mit unserem Geburtstagsständchen. Sie freut sich sehr darüber. Dann lassen wir uns das Frühstück schmecken, sind fröhlich und freuen uns auf den heutigen Tag.

Mit guten Wünschen für den weiteren Weg verabschieden wir uns von beiden. Jeder geht nun wieder seinen eigenen Weg, bis zum nächsten Wiedersehen irgendwo und irgendwann.

Heute haben wir wieder die Wahl der Qual zwischen zwei Wegen. Wir drei entscheiden uns für den schöneren Weg, der gleich hinter der Herberge beginnt.

Zunächst gehen wir den Berg hinauf durch den Wald. Auf holprigen und steilen Pfaden erreichen wir die Passhöhe von San Roque (1.270 m). In Hospital da Condesa machen wir eine kurze Trinkpause, bevor wir den letzten steilen Anstieg auf den Alto do Poio (1.337 m) in Angriff nehmen. Es ist der höchste Punkt des galicischen Jakobsweges.

Japsend kommen wir drei auf dem Gipfel an.

„Jetzt haben wir wirklich eine Pause verdient, Männer", sage ich.

Rucksack runter, Beine ausgestreckt, und schon liege ich mit der Trinkflasche in der Hand im grünen Gras und erhole mich. Meine Schultern und meine Füße sind mir dankbar. Ich schließe die Augen und träume. `Wieder eine lange, anstrengende Etappe geschafft´, denke ich.

Die nächsten dreizehn Kilometer geht es immer bergab. Rechts und links säumen Birken, Tannen und Walderdbeeren unseren Weg. Plötzlich werden meine Augen immer größer. Dicke blaue Heidelbeeren lachen mich an. So schnell wie jetzt habe ich meinen „Braunen" noch nie von meinen Schultern geworfen. Und schon sitze ich in den Büschen und schlage mir den Bauch voll.

Nachdem ich endlich genug von den süßen Früchten habe, mache ich mich wieder auf den Weg. Von den Männern ist keiner zu sehen. Ich muss einen steilen und holprigen Abhang hinunter. Einen klitzekleinen Moment bin ich unaufmerksam und da passiert es. Ich knicke um und verstauche mir den Knöchel. `Mensch, pass doch auf!´, schreit meine innere Stimme. Ist ja gut! Ich nehme erst mal meinen „Braunen" ab, setze mich hin und massiere meinen Knöchel. Dann hole ich meinen schlauen Reiseführer raus. Er sagt mir, dass ich in Kürze das Dorf Filloval erreichen werde. Also raffe ich mich auf und humpel den Abhang langsam und vorsichtig hinunter bis in den Ort.

In der Bar, die am Wegesrand liegt, sitzen Inger und Kirsten. Die Wiedersehensfreude ist groß. Ich erzähle ihnen von meinem Missgeschick und kühle erst einmal meinen Knöchel. Dann bestelle ich mir eine Cola und eine mit Thunfisch gefüllte Pastete.

Gestärkt brechen wir gemeinsam auf. Kirsten und Inger sind sehr besorgt um mich. Sie passen sich meinem langsamen Tempo an. Ich merke aber, dass ich ganz gut vorankomme.

„He, ihr zwei, ihr könnt ruhig euren Laufstil wieder aufnehmen. Ich laufe etwas langsamer. Es geht ganz gut. Ihr müsst euch keine Sorgen machen. In Triacastela warten ja Jörg und Frank auf mich. Also ab mit euch und auf ein baldiges Wiedersehen!" Wir umarmen uns und dann sind beide auch bald in der Ferne verschwunden.

Am Ortsanfang von Triacastela sehe ich Jörg und Frank in einer Bar sitzen.

„Was ist denn mit dir los? Warum humpelst du denn?", fragen beide ganz besorgt.

„Nicht so schlimm. Ich habe nur einen Moment mal nicht aufgepasst und bin umgeknickt." Ich erzähle ihnen von Inger und Kirsten und von meiner Rast in den Blaubeerbüschen.

Nach einer kleinen Verschnaufpause geht es auf die Suche nach einer Unterkunft. Wir klappern sämtliche Herbergen ab und stellen fest, dass wir wieder mal die Letzten sind. Nun bleibt uns nur noch die Herberge „Berce do Camino" am Ortsende. Hier bekommen wir dann auch ein sehr gepflegtes Sechs-Bett-Zimmer. Nach unserem täglichen Ritual besorgen wir uns im Ort unsere Wegverpflegung für den nächsten Tag und kehren in einem Restaurant ein. Wir bestellen einen leckeren Salat, Rotwein und Wasser.

„Morgen werde ich euch verlassen. Ich werde einen Abstecher über Samos machen", sagt Frank.

Ich frage mich im Stillen, ob wir Frank auf dem langen Weg, der noch vor uns liegt, wiedersehen werden. Warum eigentlich nicht? Auf dem Camino passieren die seltsamsten Dinge.

Jörg hat heute einen schlechten Tag. Er braucht unbedingt etwas Ruhe für sich. Er will sich noch ein bisschen im Ort umsehen. Ich suche indessen die Herberge auf und genieße noch ein wenig die Abendsonne.

36. Tag

Triacastela - Sarria

Die heutige Etappe wird uns wieder stark fordern. Wir müssen einen Anstieg von 900 m Höhenunterschied bewältigen, aber die Strecke ist nur
19,5 km lang. Wir haben es also nicht eilig. `Das habt ihr doch nie´, lacht
meine innere Stimme.

Zu dritt frühstücken wir noch und verlassen dann die Herberge. Wir verabschieden uns von Frank, der ja heute nach Samos läuft.

Ein Blick zum Himmel verspricht super Wetter. Die Sonne begrüßt uns
schon mit ihren wärmenden Strahlen.

Im Reiseführer las ich gestern Abend, dass die heutige Strecke durch Galicien landschaftlich sehr schön wird. Und es stimmt. Die vielen kleinen
Dörfer, durch die wir laufen, verzaubern mich. Überall blühen in den Gärten und an den Fenstern der kleinen Häuser bunte Blumen. Die Blätter der
Bäume rechts und links des Weges rauschen sacht im Wind. Es hört sich
an wie ein leises Flüstern. Das Laufen macht heute richtig Spaß. Bevor
wir den steilen Anstieg in Angriff nehmen, machen Jörg und ich schnell
noch eine kleine Trinkpause.

„So, jetzt kann es los gehen", sage ich nach der Pause. Ich stecke meine
Hände rechts und links in die Schlaufen meines treuen „Braunen" und
stapfe den Berg hinauf. Viele Pilger benutzen die Wanderstöcke. Ich kann
damit nicht laufen. Bei meinen Vorbereitungen auf diesen Weg habe ich es
ein paar mal versucht, stellte aber fest, dass sie mir nur im Weg waren. Sie
brachten mich ganz einfach aus meinem Laufrhythmus. Also blieben die
Wanderstöcke zu Hause.

Prustend komme ich kurz vor dem noch steileren Anstieg zum Pass von
Riocabo an. Jörg und ich erklimmen ihn aber nicht, sondern nehmen den
leicht bergab fallenden Weg.

Dieser entpuppt sich dann aber als alte, felsige und steil abfallende Strecke. Die Sonne prasselt jetzt auf uns herab. Ich schwitze und greife immer
wieder nach meiner Trinkflasche. Ich habe nun endlich den Dreh raus, wie
ich während des Laufens die Flasche aus dem seitlichen Netzteil ziehe.
`Pass auf den Weg auf´, flüstert meine innere Stimme. Richtig! Noch ein-
mal kann ich mir eine Verletzung nicht leisten.

Jörg läuft ein ganzes Stück vor mir. Er hat einen schnelleren Schritt drauf.
Ich behalte aber meinen Laufrhythmus bei und bleibe zurück.

Endlich, nach weiteren schweißtreibenden Kilometern erreiche ich Furela.
Jörg sitzt schon in der Bar und lässt sich eine kühle Cola schmecken. Ich
setze meinen „Braunen" ab und plumpse auf den Stuhl.

„Mann, war das wieder mal anstrengend", sage ich.

„Ruh` dich aus. Ich hole dir auch eine Cola", lächelt Jörg mich an.

Diese kleine Pause tut sehr gut und das kühle Getränk weckt wieder alle Lebensgeister in mir.

Wir setzen unseren Weg fort. Es ist immer noch sehr heiß. Alles in mir schreit nach Abkühlung. Deshalb bin ich glücklich, als wir den Wald erreichen.

Was uns hier erwartet, grenzt an Zauberei. Dicke, knorrige Bäume bilden mit ihren saftig grünen Blättern ein Dach über uns. Die Schluchten sind romantisch schön. Ich bin in einem Zauberwald. Für Verliebte wie geschaffen. Der Weg ist abwechslungsreich und überhaupt nicht langweilig.

Kurz nach Verlassen des romantischen Waldes entdecke ich auf einem hohen Baumstumpf ein Storchennest. Darin klappern vier Störche um die Wette. Bei mir zu Hause sieht man nur sehr selten einen Storch. Hier in Galicien stolzieren sie auf Wiesen und Feldern herum.

Am Nachmittag erreichen wir Sarria. Wir folgen nun den in den Boden eingelassenen Muschelsymbolen und gelben Pfeilen, bis wir nach kurzer Zeit eine steile Treppe erreichen. Diese führt etwa hundert Meter hinauf bis zum Stadtkern. Oben angekommen, bin ich doch ganz schön außer Puste. Drei mal tief durchatmen und dann geht es auf die Suche nach einer Unterkunft.

In der privaten Herberge „Don Álvaro" checken wir ein. Es ist eine Herberge mit persönlichem Flair. Es gibt 40 Betten in vier unterschiedlich großen Räumen, ein Kaminzimmer, eine sonnige Terrasse und einen wunderschönen Innenhof. Zwischen bunt blühenden Blumen und grünen Sträuchern plätschert ein kleines Bächlein. Es ist sehr ruhig und friedlich hier. Jörg und ich richten uns in einem der kleineren Räume ein, welches wir mit einer Engländerin und ihrem Sohn teilen. Dann eile ich schnell unter die Dusche. Danach fühle ich mich wieder wie neu geboren.

Nun ist ein Stadtbummel angesagt. An einer langen Mauer entdecken wir eine beeindruckende Wandmalerei. Sie stellt den Weg der Pilger im Mittelalter dar.

Das Geländer einer Brücke ist mit Muscheln verziert. Dieses Brückengeländer werde ich für die erste Seite meines Tagebuchs verwenden, denn ich habe vor, meine Wegnotizen mit Bildmaterial aufzuarbeiten und drucken zu lassen.

Auf dem Rückweg in die Herberge kaufen wir im Supermarkt noch für das Abendessen ein. Auf der hübschen Terrasse deckt Jörg den Tisch, während ich Rührei zubereite. Dazu gibt es dunkles Brot, Tomaten, Honigmelone, Rotwein und Apfelsaft.

Ich habe heute mal „frei". Jörg erledigt die Küchenarbeit und ich liege im

Liegestuhl und schreibe die Ereignisse des Tages in mein buntes Büchlein. Am Abend lädt uns der Hospitalero ins Kaminzimmer ein. Außer uns beiden gesellen sich die Engländerin mit ihrem Sohn und ein Pilger aus Köln zu uns. Wir sitzen alle am Kaminfeuer, erzählen von unseren Erlebnissen und probieren die verschiedenen Sorten des selbstgebrannten Weinschnapses, auf spanisch „orujo". Die Männer langen tüchtig zu und so wird es noch ein langer und feucht-fröhlicher Abend, bevor alle etwas angeschwipst gegen Mitternacht in ihren Schlafsäcken verschwinden. Heute Nacht werden bestimmt alle gut schlafen.

37. Tag

Sarria - Moimentos

Die heutige Etappe ist nur 17,5 Kilometer lang. Wir haben es wieder mal nicht eilig. Wir frühstücken noch in aller Ruhe und verlassen gegen neun die Herberge. Ein neuer Tag beginnt. Das ist immer sehr spannend. Wir wissen nie, was uns erwartet.

Der Weg ist sehr schön. Wie schon zwischen Triacastela und Sarria gibt es hier zahlreiche kleine verstreute Dörfer. Diese sind auf vielfältige Weise miteinander verbunden. Wir stiefeln über Pisten und „corredoiras", das sind Wege aus großen Steinen, die schon zu Zeiten der Römer existierten und heute dementsprechend verwittert sind. Wir laufen durch Hohlwege mit knorrigen Kastanienbäumen.

Und dann erreichen wir gegen 12.20 Uhr den Kilometerstein 100. Das bedeutet: Nur noch 100 Kilometer bis Santiago de Compostela! Ich bin überwältigt und kann es nicht glauben, dass ich schon mehr als 700 Kilometer gelaufen bin.

„Gratuliere Mutti! Wir haben es fast geschafft", sagt Jörg.

In Morgade treffen wir auf eine kleine Kapelle. Hier hinterlassen wir für Inger, Kirsten und Frank eine Nachricht. Wir teilen ihnen mit, wo wir heute übernachten werden. Ich hoffe, dass einer von ihnen diese Nachricht lesen wird.

Weiter geht es teilweise über sehr halsbrecherische, steinige Wege (corredoiras) immer bergauf und bergab in das Dorf Ferreiros. Von hier aus laufen wir kurz auf einer wenig befahrenen Landstraße.

Und dann bin ich wieder mal hin und her gerissen. Vor uns breitet sich ein romantisch schöner Hohlweg mit alten, knorrigen und mit Moos geschmückten Bäumen aus. Ich habe wieder einmal das Gefühl, durch einen Zauberwald zu laufen.

Am Nachmittag kommen wir im Dorf Moimentos, unserem heutigen Ziel, an. In der privaten Herberge gleich am Anfang des Dorfes checken wir für 10 € ein. Es ist ein altes, uriges Steinhaus mit 25 Betten in zwei Schlafräumen, einer gemütlichen Terrasse und einem großen Garten. Ich breite auf meinem zugewiesenen Bett meinen Schlafsack aus.

Die Sonne meint es heute wieder mal gut mit uns. Bei schöner Panflötenmusik genieße ich die Sonnenstrahlen auf der Terrasse.

In Gedanken bin ich auf dem Jakobsweg. Was habe ich nicht alles erlebt. Ich habe Freunde gefunden. Ich habe emotional tief bewegende, aber auch traurige Momente erlebt. Ich habe meine innere Ruhe gefunden. Es ist unglaublich.

140

Später sitze ich noch im Garten und trage die Ereignisse des Tages in mein buntes Büchlein ein.

Die Herberge hat eine eigene Bar. Hier essen wir Paella, Melone mit Schinken und trinken einen guten Rotwein. Der darf einfach nicht fehlen. Ich hätte nie gedacht, dass ich mich nun jeden Abend an diesem süffigen Getränk labe, wo ich doch vor meinem Pilgerweg keinen Tropfen Alkohol angerührt habe. Bei diesem Gedanken huscht mir ein Lächeln über das Gesicht.

Jörg schaut mich an: „Warum schmunzelst du?"

„Ich muss gerade daran denken, wie gut mir der Rotwein schmeckt."

Es wird noch ein ruhiger, gemütlicher Abend. Mit dem glücklichen Gefühl, Santiago de Compostela immer näher zu kommen, schlafe ich später ein.

38. Tag

Moimentos - Ventas de Narón

Heute morgen werden wir wieder einmal mit leiser spanischer Musik geweckt. Es ist sehr beruhigend. Ich habe auch wunderbar geschlafen. Kein Schnarchen oder Rascheln mit Plastiktüten. Jörg und ich waren allein im Zimmer.

Die Musik verklingt und ich krabbele aus meinem Schlafsack. Schnell den „Rucki" packen, Zähne putzen, das Gesicht erfrischen und ab geht es in die Bar. Hier trinken wir noch einen „Cafe americano" und verlassen dann die Herberge.

Ein strahlend blauer Himmel erwartet uns. Die Sonne schickt zaghaft ihre warmen Strahlen auf die Erde. Der Tag wird schön.

Wir sind unterwegs nach Portomarin, der versunkenen Stadt. Der Weg ist nicht sehr aufregend. Ein kleines Stück steil bergab, dann folgen wir einer Landstraße, die zu einer Brücke über den aufgestauten Fluss Miño führt. Hier liegt der neue Ort Portomarin. Der alte Ort versank in den 60iger Jahren im Wasser des Stausees. Reste der versunkenen Stadt kann man heute noch sehen.

Am Ende der Brücke stehen wir vor einer breiten, steilen Treppe. Um in die Stadt zu kommen, müssen wir sie erklimmen. Also, Beine in die Hand nehmen und auf geht´s. Oben angekommen, laufen wir noch durch ein steinernes Tor hindurch und befinden uns anschließend in der Stadt.

Auf dem Hauptplatz steht die Kirche „San Nicolas". Eine romanische Wehrkirche, die beim Bau des Stausees Stein für Stein abgetragen und hier originalgetreu wieder aufgebaut wurde. Leider ist die Kirche geschlossen, aber das Portal ist sehenswert.

Das Wetter zeigt sich von seiner besten Seite. Die Sonne strahlt. Wir suchen uns einen Platz an einem kleinen Bistrotisch und bestellen einen „Cafe sin leche". Plötzlich steht David vor uns. Wir lernten ihn unterwegs kennen. Wir kommen mit ihm ins Gespräch und er erzählt uns, dass er und zwei weitere Betreuer mit Lucas, einem Jugendlichen, der in seinem jungen Leben schon viel erlebt hat, auf dem Jakobsweg unterwegs ist. Er soll hier etwas Ruhe finden. Dafür wünschen wir allen viel Glück auf dem weiteren Weg.

Wir brauchen noch etwas zum Essen und suchen einen Supermarkt auf. Im Einkaufskorb landen Brot, Käse und Schokolade. Schokolade haben wir immer dabei. Sie stärkt die Nerven und hebt die Stimmung.

Beim Treppenaufstieg in die Stadt entdecken wir einen schattigen Platz unter Bäumen. Dorthin gehen wir jetzt und halten unsere Mittagspause ab.

Von hier hat man einen fantastischen Ausblick. Meine Füße flüstern: `Leg uns ein bisschen hoch! Wir brauchen auch eine kleine Pause!´

Ich ziehe meine Wanderschuhe aus und strecke mich auf der Bank aus. Ich schließe die Augen und träume wieder einmal. Bald haben wir Santiago de Compostela erreicht. Ich bin so gespannt auf diesen magischen Ort. Wie werde ich mich fühlen? Was werde ich empfinden, wenn ich mit Tausend anderen Pilgern vor der Kathedrale stehe?

Gestärkt und ausgeruht nehmen wir wieder unseren Weg auf. Der Wald spendet uns Schatten auf dem steilen Anstieg. Ich komme ins Schwitzen und greife zur Trinkflasche. Mein Mund ist ganz trocken. Ich nehme einen kräftigen Schluck und fühle mich wohler. Auf diesem Weg ist Wasser das Wichtigste überhaupt. Ohne dieses kühle Nass würde man den Weg nicht schaffen. Ich trinke täglich bis zu drei Liter und wenn es sehr heiß ist, noch mehr. Mein Rücken stöhnt jeden Morgen über das Gewicht meines Rucksacks und freut sich, wenn er am Tage immer leichter wird. Meine Schultern reden schon gar nicht mehr mit mir. Sie haben sich an den schweren „Braunen" gewöhnt.

Im kleinen Ort Gonzar muss ich eine Pause machen. Jörg ist auch ganz schön außer Puste. Ein kühles „Cerveza" und ein „Cafe sin leche" tun uns sehr gut. Ich fülle auch noch meine Wasserflasche auf, bevor wir den Anstieg, nun immer an einer Straße entlang, weiter nach oben stiefeln. Dann endlich erreichen wir unser heutiges Ziel.

Die kleine private Herberge „Casa Molar" liegt direkt am Jakobsweg. Es ist ein gepflegtes, restauriertes Bauernhaus mit 18 verfügbaren Betten in zwei Schlafräumen. Wir werden sehr freundlich von einer jungen Spanierin empfangen.

„Hola señorita! Nos gustaría tener una cama por una noche?", fragen wir sie. (Hola, Senorita! Haben Sie für uns ein Bett für eine Nacht?)

"Sí, que se puede elegir una cama. Ustedes los únicos peregrinos hoy", antwortet sie. (Ja, Sie können sich eins aussuchen. Sie sind die einzigen Pilger.)

Sie zeigt uns die Zimmer und Jörg und ich entscheiden uns für den Raum mit dem großen Fenster nach Westen.

Wir richten uns ein, duschen und gehen dann in den kleinen Ort. Auf der Wiese vor dem Haus baut ein französisches Paar gerade ihr Zelt auf. Nun sind wir nicht mehr allein.

Ventas de Narón ist ein winziges und einsames Dörfchen. Hier gibt es außer der Pilgerherberge wirklich nur noch zwei Bauernhöfe und eine Gaststätte. Alles ist trist und finster, deshalb gehen wir zurück in unsere Herberge.

An einem kleinen Tisch im Garten nehmen wir Platz und bestellen uns eine Flasche Rotwein. Jörg und ich stoßen an. Wieder sind wir Santiago ein Stückchen näher gekommen.

Es ist so still hier, nur das leise Rauschen der Blätter ist zu hören. Da kommt mir der Gedanke, ein Gedicht zu verfassen. Ich hole mein Tagebuch und schreibe es auf.

Ruhe – ich liebe sie,
Ruhe – ich brauche sie,
Ruhe – lässt mich lauschen,
ich höre die Blätter in den Bäumen rauschen.
Vögel, die ihre Weisen singen,
als würden zarte Melodien erklingen.
Ruhe – die mich auf dem Weg begleitet
und mir viele schöne Momente bereitet.
Ruhe – die mich glücklich macht,
Ruhe – hat mir der Camino gebracht.

Später bestellen wir uns ein Pilgermenü. Es ist mit viel Liebe zubereitet und schmeckt sehr, sehr gut. Während wir es uns munden lassen, werden wir von einem niedlichen Kätzchen beobachtet.

„Du wartest wohl auf einen kleinen Leckerbissen, was?"

Solange ich am Tisch sitze, nähert sich das Kätzchen nicht. Also stehe ich auf und schwuppdiwupp springt es auf den Stuhl und schleckt den Teller blitzeblank.

Den Rest des Abends verbringen wir mit einer weiteren Flasche Rotwein am Straßenrand. Wir kommen uns vor wie Spanier, die auch abends an der Straße sitzen, Wein trinken und sich laut und angeregt unterhalten.

Es wird langsam dunkel. Wir gehen in den Schlafraum und erleben einen fantastischen Sonnenuntergang, den wir vom Fenster unseres Zimmers beobachten können. Inzwischen teilt sich noch eine Pilgerin mit uns das Zimmer. Eine nähere Bekanntschaft entsteht nicht, weil sie schon schläft. Während die Sonne am Horizont verschwindet, sind meine Gedanken bei Frank. Werden wir ihn wiedersehen? Möglich wäre es. Es ist schon so viel Seltsames auf unserer Reise nach Santiago geschehen. Ich denke an Birgit und daran, was sie mir auf dem Weg von Roncesvalles nach Larrasoana vom Universum erzählte. Meine innere Stimme flüstert: `Versuch es doch einmal!´ Ich stelle mich also ans Fenster und flüstere meinen Wunsch, Frank wiederzusehen, ins Universum. Mal sehen, ob Birgit Recht behält.

Zufrieden kuschele ich mich in meinen Schlafsack und bin schon bald im Reich der Träume angekommen. Es war wieder einmal ein wunderschöner Tag. Ich freue mich auf den nächsten. Buenas noches!

39. Tag

Ventas de Narón - Casanova

Als ich heute morgen die Augen öffne, ist die Pilgerin schon weg. Es ist noch sehr zeitig.

Ich schaue aus dem Fenster. Dicker Nebel liegt über dem kleinen Dörfchen. Ich stehe auf und erledige meine morgendlichen Tätigkeiten. Jörg ist inzwischen auch munter. In der Bar trinken wir noch einen Kaffee und verlassen anschließend unsere schöne Pilgerherberge.

Die Sonne hat die letzten Nebelschwaden verdrängt und begleitet uns jetzt auf unserem Weg. Ich bin froh gelaunt, obwohl der Weg jetzt nur auf Schotterpisten und entlang der Landstraße verläuft. Da wir in der Herberge nur einen Kaffee getrunken haben, machen wir in Airexe unsere Frühstückspause.

Die nächsten Kilometer sind nicht spektakulär, außer einer Kuhherde, die mich in einem kleinen Dorf fast an die Mauer eines Hauses drängt. Ich bleibe stehen und lasse die Herde vorbei.

Nach etwa acht Kilometern tristen Weges erreichen wir Palas de Rei. Inzwischen ist es wieder sehr heiß geworden und ich bin tüchtig ins Schwitzen gekommen. Wir brauchen eine längere Pause. Zuerst stillen wir unseren Durst und suchen dann ein Internetcafe auf. Hier hinterlassen wir Frank eine Nachricht mit unseren Plänen für die nächsten Tage. Vielleicht liest er sie. Ich habe auch Nachrichten aus der Heimat und beantworte sie. Meine Freunde werden über meine Erlebnisse staunen.

Jörg und ich essen noch eine Kleinigkeit in der Bar, bevor wir den Weg in Richtung Casanova in Angriff nehmen. Durch die schattigen Eukalyptuswälder und die romantischen Schluchten lässt es sich bei der Hitze gut laufen. Am späten Nachmittag erreichen wir Casanova. Es wurde auch Zeit, denn meine Wasserflasche ist fast leer. In der öffentlichen galicischen Herberge bekommen Jörg und ich die letzten zwei Betten.

Eigentlich wollten wir zum Abend die Nudeln kochen, die wir schon zwei Tage lang mit uns schleppen. Aber daraus wird leider wieder nichts. In der großen Küche gibt es weder Geschirr, noch Töpfe, noch Besteck. Na ja, wir haben ja noch unsere Notration bei uns. Die Nudeln nehmen wir eben weiter bis zur nächsten Herberge mit.

Unter einem großen, Schatten spendenden Baum neben der Herberge nehmen wir Platz und lassen uns Brot, Käse und Wurst schmecken. Jörg entkorkt dann noch eine Flasche Rotwein. Gläser gibt es natürlich auch nicht und so wandert die Flasche abwechselnd von Mund zu Mund.

Es ist noch sehr warm und die Sonne versinkt langsam am Horizont. Ich genieße die Ruhe, lausche dem Rauschen der Bäume und dem Zwitschern der Vögel. Und morgen ist wieder ein neuer Tag.

40. Tag

Casanova - Ribadiso

Ausgeruht und froh gelaunt begeben wir uns heute auf den Weg nach Ribadiso. Wir haben ca. 21 Kilometer vor uns. Frühstück gibt es heute nicht. Der schlaue Reiseführer kündigt in etwa drei Kilometern eine Bar an.

Als wir dort ankommen, wimmelt es nur so von Pilgern. Wir suchen uns einen Platz, bestellen „Cafe sin leche" und Sandwiches. Wir lassen uns viel Zeit. Ich amüsiere mich über die spanischen Pilger, die wie immer eine Menge zu erzählen haben und dies sehr laut.

Als so ziemlich alle Pilger wieder auf dem Weg sind, rüsten Jörg und ich uns auch zum Weitergehen. Jörg bezahlt noch unsere Zeche in der Bar und ich laufe schon langsam los.

Plötzlich höre ich jemanden meinen Namen rufen. Das Universum! Mein Gott, sollte es wirklich stimmen, dass Wünsche, die man ins Universum spricht, in Erfüllung gehen? Mein Herz pocht wild. Ich drehe mich langsam um, und da steht tatsächlich Frank vor mir!

Wir lächeln uns an und ich sage:

„Das Universum!"

Nun schaut Frank mich verdattert an. Ich erzähle ihm von Birgit und das ich vor zwei Tagen meinen Wunsch auf ein Wiedersehen mit ihm ins Universum gesprochen habe. Ich kann es immer noch nicht fassen. Es hat tatsächlich geklappt.

Inzwischen ist auch Jörg da. Die beiden begrüßen sich ebenfalls sehr herzlich. Wir laufen ein Stück gemeinsam und Frank erzählt uns von seinen Erlebnissen in Samos. Dann verabreden wir uns für den Abend in der Herberge.

Die Temperaturen sind mittlerweile auf 32°C angestiegen. Der Griff zur Trinkflasche passiert jetzt immer häufiger. Der kleine Eukalyptuswald, den wir erreichen, sorgt kurze Zeit für etwas Abkühlung. Im nächsten Ort muss ich unbedingt meine Wasserflasche auffüllen.

Über eine sehr alte Brücke über den Rio Furelos erreichen wir Furelos. Gleich am Ortseingang steht die Iglesia de San Juan aus dem 13. Jahrhundert. Im rechten Seitenflügel steht ein interessantes Kruzifix.

Die Kirche spendet Kühle und ich nehme für einen kurzen Moment in der ersten Bankreihe Platz. Ich schließe die Augen und meine Gedanken sind auf dem Jakobsweg. Was habe ich nicht alles schon erlebt. Ich denke noch einmal an die Begegnung mit Frank heute morgen.

`Soll ich an das Universum glauben?´, frage ich mich. Ich werde es auf jeden Fall irgendwann wieder versuchen.

Nach der kleinen Verschnaufpause verlassen Jörg und ich die Kirche. Wir füllen am Trinkwasserbrunnen unsere Flaschen auf und verlassen das kleine Dörfchen.

Nach zwei Kilometern, teils durch Eichen-, teils durch Eukalyptuswälder, erreichen wir die ersten Häuser von Melide. Die kleine Stadt lädt uns nochmals zu einer kleinen Rast ein. Jörg und ich picknicken im schattigen Park und erholen uns, denn die nächste Wegstrecke wird sehr anstrengend werden.

Gegen Mittag rüsten wir uns zum Weitergehen. Ich habe noch keine Lust, denn die Sonne ist rücksichtslos. Sie schickt ihre heißen Strahlen und lacht uns von oben herab an. Wir müssen aber weiter. Also dann den „Braunen" aufbuckeln und los geht´s.

Wir durchqueren romantische Schluchten und immer wieder Eukalyptuswälder. Nach dem Überqueren einer sehr alten und schönen Brücke wird der Weg richtig anstrengend. Ein Höhenunterschied von ca. 900 Metern liegt vor uns. Die Sonne prasselt auf uns herab und ich stöhne. Aber es hilft alles nichts. Ich will ja mein Ziel erreichen. Also stapfe ich schwitzend den steilen Berg hinauf. Immer wieder greife ich zur Trinkflasche, denn bei so einem steilen Aufstieg ist es sehr wichtig, viel Flüssigkeit zu sich zu nehmen.

Hechelnd komme ich oben an, lege eine kurze Pause ein, nehme noch einen kräftigen Schluck aus der Flasche und weiter geht es, immer bergab bis nach Ribadiso.

Vor der öffentlichen Herberge treffen wir Frank. Mit einem „Hola! Seid ihr auch schon da?", begrüßt er uns verschmitzt.

„Gott sei Dank! Bei der Hitze, macht Laufen keinen Spaß!", antworte ich ihm.

Jörg und ich checken uns in der Herberge ein. Dann erfrischen wir uns und suchen anschließend gemeinsam eine Bar auf, denn der Weg hat auch hungrig gemacht.

Heute essen wir mal á la carte. Frank bestellt sich „pulpo", eine galicische Spezialität, bestehend aus Kraken (kein Tintenfisch), Öl, Salz und Paprika. Jörg hat Appetit auf Langusten und ich bleibe bei deutscher Kost, Eier mit Schinken. Wir haben enormen Spaß, denn jeder kostet von jedem. Nur an mein Essen macht sich keiner ran. Besonderes Vergnügen bereitet die Verkostung der Langusten, die wir mit den Fingern knacken müssen. Am Ende sieht Jörgs Teller voller aus als vorher.

Gegen 22.00 Uhr verlassen wir die Bar. Es ist immer noch angenehm warm. Ich setze mich noch in den Garten und schreibe mein Tagebuch. Dann begebe auch ich mich zur Ruhe. Es war wieder einmal ein schöner Tag. Mal sehen, was der Morgige uns bringen wird.

41. Tag

Ribadiso - Pedrouzo

Die heutige Etappe wird wieder lang, deshalb verlassen wir schon sehr zeitig die Herberge. Gleich nach dem Ort geht es wieder kräftig bergauf. Frank zückt seine Wanderstöcke und stapft los. Meine „Wanderstöcke" sind die Riemen an meinem „Braunen".

An diesem frühen Morgen ist es noch kühl und es lässt sich gut laufen. Ich beobachte meinen Schatten, der vor mir auf und ab pendelt.

Meine innere Stimme lacht: `Du watschelst wie eine Ente!´

`Na hör mal, so sieht es ja wohl doch nicht aus! Siehst du meine langen Beine? Damit könnte ich glatt als Model durchgehen.´

Über diesen Gedanken lache ich laut. Jörg sieht mich verdutzt an und schüttelt seinen Kopf. `Wenn du wüsstest´, denke ich.

In Arzua ist eine kleine Kaffeepause angesagt. Der Weg durch das Dorf führt uns an prächtig blühenden Hecken und Palmen vorbei. Die Vögel zwitschern. Ein kleines Bächlein fließt ruhig am Wegesrand. Ich bin frohen Mutes, weil ich Santiago de Compostela immer näher komme.

Im Laufe des Tages wird es immer wärmer und es geht weiter bergauf und bergab. Die Sonne brennt unerbittlich und es gibt kaum noch ein schattiges Fleckchen. Jetzt hilft nur viel trinken und die Kräfte einteilen.

Heute melden sich nach langer, langer Zeit wieder einmal meine Schultern. Sie wimmern: `Leg den Rucksack ab! Mach ´ne Pause!´ Meine Beine werden auch immer schwerer. Endlich kommen wir in Salceda an. Pause! Erleichtert lege ich den Rucksack ab.

Ich bin fix und fertig. In der Bar bestellen wir eine große Cola und füllen die Wasserflaschen auf. War ich heute morgen noch froh gelaunt auf dem Camino unterwegs, geht es mir jetzt nicht mehr so gut. Mein T-Shirt ist quatschnass, der Rücken schmerzt und die Beine streiken auch. `Du hast es nicht mehr weit bis Santiago´, muntert mich meine innere Stimme auf.

Die kurze Pause ist zu Ende. In der prallen Sonne geht es wieder auf den Weg. Nach zwei Kilometern erreichen wir die Anhöhe von Empalme. Weiter kommen wir erst einmal nicht. Meine Wasserration hat rapide abgenommen und Hunger habe ich auch. Wir kehren in die Bar am Wegesrand ein. Hier bekommen wir ein leckeres Bocadillo und reichlich gekühlte Getränke.

Gestärkt und etwas ausgeruht verlassen wir die Bar. Inzwischen sind die Temperaturen auf 37°C angestiegen und wir müssen bis Pedrouzo noch einige Kilometer laufen. Ich tue mich schwer, bin nach wenigen Metern schon wieder durchgeschwitzt und ergreife meine Trinkflasche.

Schweigend laufen wir auf einer Asphaltstraße. Ich hasse diese Abschnitte bei dieser Hitze. Nach wenigen Metern brennen mir dermaßen die Fußsohlen, dass es kaum auszuhalten ist. Da ist dann der anschließende Feldweg eine echte Erholung. Ich hänge nur noch an meiner Trinkflasche, die ich immer noch in der Hand halte. `Teile dir das Wasser ein, denn du musst noch ein schönes Stück laufen!", ermahnt mich mein inneres Ich. Ja, das muss ich, denn unterwegs gibt es keinen Brunnen mehr. Ich zwinge mich, die Flasche wieder wegzustecken.

Endlich erblicke ich in der Ferne eine Kirchturmspitze. „Jörg, wir haben es geschafft", murmele ich leise vor mich hin.

Ob Jörg mich hört, weiß ich nicht. Jedenfalls sagt er: „Mutti, wir haben es geschafft!"

In der öffentlichen Herberge fallen wir auf unsere Betten. Ich bin fix und fertig. Die Etappe hatte es heute wirklich in sich. Aber wir haben es geschafft und darüber bin ich froh.

Nach der kühlen Dusche sind die Strapazen des Tages wie weggeblasen. Ich fühle mich wie neu geboren. Frank haben wir unterwegs auch wieder getroffen und so trödeln wir drei jetzt durch das Dorf. Weil es aber immer noch sehr heiß ist, gehen wir nicht an der kleinen Bar vorbei, in der wir Bier und Cola bestellen.

Danach besuchen wir die einfache, schlichte Kirche. Über dem prachtvollen Altar ist eine große Jakobsmuschel zu sehen. Sie ist seit vielen Jahrhunderten das Erkennungszeichen der Pilger, die nach Santiago de Compostela pilgern. Andächtig sitzen wir drei in der Bankreihe. Jeder hängt seinen Gedanken nach. Diese Stille wirkt beruhigend auf mich. Noch eine Tagesetappe und wir werden in Santiago de Compostela ankommen. Ich kann es kaum fassen.

Wieder im Freien, atme ich tief durch. Wir sind alle drei sehr schweigsam. Jeder ist noch mit sich selbst beschäftigt.

Wir schleppen immer noch unsere Nudeln mit. Die könnten wir ja mal verarbeiten, aber heute ist Sonntag. Der Supermarkt ist geschlossen und wir bekommen weder Wurst noch Gemüse.

Vielleicht finden wir etwas in der Küche, dann könnten wir improvisieren. Das emsige Stöbern ist erfolgreich. Wir finden Tomatensauce, Zwiebeln und Gewürze.

„Das ist ja wie ein Geschenk. Damit können wir ein festliches Mahl zubereiten", sage ich.

Leider fehlt der Rotwein. Wir begnügen uns mit Wasser.

Nach dem „Festmahl" übernehmen Jörg und Frank den Küchendienst und ich setze mich draußen in den Schatten und schreibe mein Tagebuch. Es wird erst einmal die vorletzte Eintragung vor Compostela sein. Mein inneres Ich jubelt: `Du hast es geschafft!´ Mit diesem glücklichen Gedanken kuschele ich mich in meinen Schlafsack.

42. Tag

Pedrouzo - Santiago de Compostela

Der letzte Tag. Noch 23 Kilometer bis Santiago. Ich kann es noch gar nicht glauben, dass ich fast 900 Kilometer gelaufen bin. Ich bin etwas aufgekratzt, als wir gegen acht Uhr die Herberge verlassen.

Im ersten Cafe, das wir finden, machen wir unsere Frühstückspause. Danach laufen wir ein kurzes Stück durch die Stadt und dann geht es fast nur bergan durch einen kühlen Wald. Das ist doch komisch, heute macht mir der Anstieg gar nichts aus. Liegt es daran, dass ich dem Ziel so nahe bin?

Am Ende des ersten Anstiegs pausieren wir noch einmal. Ich setze mich etwas abseits auf einen Baumstumpf und schreibe ein paar Notizen in mein Tagebuch. Ich gebe mich meinen Träumen hin, lausche dem Rauschen der Bäume und dem Vogelgezwitscher. Es ist so ruhig hier und ich bin glücklich.

Inzwischen ist es wieder sehr warm geworden. Es hilft nichts, wir müssen weiter. Frank möchte etwas allein laufen. Wir vereinbaren, dass wir uns am Fuße des „Monte de Gozo" wiedertreffen und gemeinsam den letzten Anstieg erklimmen werden.

Jörg und ich erreichen Labacolla. Dort treffen sich am Ortsausgang zwei kleine Bäche. Es heißt, dass die Pilger sich hier reinigen, bevor sie weiter nach Santiago de Compostela laufen. Wir sind Pilger, also reinigen wir uns. Ich wasche meine Hände in dem kühlen Wasser und befeuchte auch mein Gesicht. Jörg hockt ebenfalls am Bachrand und reinigt sich.

Nun können wir weiterlaufen. Am Fuße des letzten Anstiegs erreichen wir Frank. Wir gehen gemeinsam zum „Monte de Gozo" hinauf, der auch „Der Berg der Freude" genannt wird.

In mir breitet sich ein großes Glücksgefühl aus. Nach all den Strapazen sehe ich endlich das ersehnte Pilgerziel Santiago de Compostela vor mir. Der Blick auf die Stadt ist atemberaubend. Mit ihren vielen Türmen liegt sie majestätisch vor uns. Ich bin sehr ergriffen. Ich bin dem Ziel so nah. Nur noch 4 Kilometer trennen uns von Santiago.

Wir machen noch einige Fotos, kaufen etwas zu trinken und laufen hinunter in die Stadt. Das Ortseingangsschild „SANTIAGO" lädt uns zum Fototermin ein.

Nun beginnt der lange Weg durch die Stadt. Die Sonne brennt, aber heute ist uns das total egal. Wir drei laufen beschwingt in Richtung Kathedrale. Bald stehen wir auf dem großen Platz vor dem prächtigen Gotteshaus. Andächtig betrachte ich dieses Wunder der Baukunst.

Ich bin da!

Vor Ergriffenheit laufen mir die Tränen übers Gesicht. Hunderte von Pilgern aus aller Welt sitzen auf dem Pflaster vor der Kathedrale, lachen, weinen, singen und umarmen sich. Alle sind glücklich.

Ich umarme Jörg und Frank und sage: „Geschafft!" Wir verweilen noch einige Zeit vor der Kathedrale. In diesem Moment ist jeder für sich allein. Wir werden später noch einmal zum Platz zurückkehren.

Jetzt müssen wir uns aber erst einmal eine Unterkunft suchen. Wir landen bei Pili, einer lustigen, jungen Spanierin. Leider sind bei ihr alle Betten belegt, aber sie gibt uns einen guten Tipp. Nur ein paar Straßen weiter befindet sich die Herberge „San Roque". Hier bekommen wir drei eine Schlafgelegenheit.

Nach dem Duschen suchen wir das Pilgerbüro auf. Ich werde meine erste Urkunde erhalten und damit den Beweis, dass ich den Jakobsweg von Saint-Jean-Pied-de-Port bis Santiago de Compostela gelaufen bin.

Ich bin aufgeregt. Wir sind nicht die einzigen, die ihre „compostela" in Empfang nehmen wollen. Wir reihen uns also in die Schlange der Wartenden ein. Als ich dran bin, lege ich stolz meine beiden Pilgerausweise mit insgesamt 53 Stempeln vor. Die junge Frau händigt mir ohne Fragen und mit einem Lächeln auf dem Gesicht meine „compostela" aus.

Auch Jörg und Frank halten stolz ihre Urkunde in der Hand. Glücklich verlassen wir das Pilgerbüro.

In einem kleinen, hübschen Restaurant feiern wir unser Ankommen und bestellen ein Pilgermenü, Rotwein und Wasser. Es schmeckt heute besonders gut.

Zum Abschluss des Tages suchen wir in der Nähe der Kathedrale ein Cafe zu einem Absacker auf. Zufrieden und vom langen Tag doch etwas geschafft, gehen wir anschließend in unsere Pension zurück.

Es fühlt sich gut an, morgen früh nicht um vier Uhr durch das Rascheln von Tüten, grellem Licht, durch die „Grubenlampen" und dem Gewisper der Pilger geweckt zu werden. Wir können ausschlafen, denn der morgige Tag gehört Santiago de Compostela.

43. Tag

Santiago de Compostela

Ich habe wie ein Murmeltier geschlafen und wache erst gegen neun auf. Der Himmel ist bewölkt und es sieht aus, als ob sich die Sonne heute hinter den Wolken verkriechen will. Aber schau´n wir mal.

Wir frühstücken in einem Cafe und laufen danach auf den Platz vor der Kathedrale. Um zwölf Uhr beginnt die Pilgermesse. Am Eingang der Kathedrale steht eine steinerne Statue des Apostels Jakobus. Vor einigen Jahren legte jeder ankommende Pilger die rechte Hand an die Säule zu Füssen des Apostels. Heute kann man dieses Ritual nicht mehr vollziehen. Ein Gitter schützt die Säule.

Die riesige Kathedrale ist proppenvoll. Das erste, was ich entdecke, ist der Botafumeiro, der große Weihrauchkessel, der an langen Seilen befestigt ist. Wir haben das Glück, diese Zeremonie erleben zu dürfen.

In den hinteren Reihen der Kathedrale finden wir einen Platz. Plötzlich entdecke ich Kirsten, die an uns vorbeiläuft. Ich rufe: „Das gibt es doch nicht! Hier treffen wir uns wieder!" Wir umarmen uns. Inzwischen sind Jörg und Frank auch bei uns angekommen und umarmen Kirsten ebenfalls.

„Kommt, wir gehen zu Inger. Sie sitzt in der ersten Reihe", sagt Kirsten. Inger staunt nicht schlecht, als wir drei plötzlich vor ihr stehen. Es ist ein herzliches und emotionales Wiedersehen.

Wir drei Frauen bleiben in der ersten Reihe sitzen, während Jörg und Frank wieder nach hinten gehen. Wir drei schnattern leise durcheinander. Jeder will wissen, wie es dem anderen auf dem Weg ergangen ist. Wir haben uns zuletzt in O Cebreiro gesehen. Das war vor acht Tagen.

Während wir noch am Quatschen sind, ertönt eine engelsgleiche Stimme. Im Nu ist es mucksmäuschenstill in der Kathedrale. Eine Nonne beginnt zu singen und stimmt uns auf die Messe ein, die dann auch in spanischer Sprache gehalten wird. Am Ende der Messe reichen sich alle Pilger die Hand. Auch wir werden mit einbezogen. Für mich ist das sehr ergreifend.

Zu dramatischen Orgelklängen ziehen acht Mönche an den starken Seilen den Botafumeiro hoch. Er schwebt durch das hohe Gewölbe der Kathedrale. Weihrauch verbreitet sich. Alle schauen andächtig nach oben. Ich bin so überwältigt und ergriffen, dass ich das miterleben darf. Es ist wirklich ein Glücksfall, denn niemand weiß, wann der Botafumeiro zum Einsatz kommt.

Nach der Messe beschließe ich mit Kirsten und Inger, später ein Pilgermenü im Hotel „Casa Manolo" einzunehmen.

Bis dahin verbringt jeder den Nachmittag nach seinen Wünschen. Frank will in ein Museum gehen. Jörg und ich suchen ein Internetcafe auf, um unsere Rückflugtickets auszudrucken. Für den Rest des Nachmittags setzen wir uns dann in einen Park und genießen die Sonne.

Bevor wir ins Hotel „Casa Manolo" gehen, treffen wir uns mit Kirsten, Inger und Frank auf dem Platz hinter der Kathedrale zu einem kleinen Umtrunk. Hier werden wir mit der Musik einer Schülerband empfangen. Die Schüler sind auch auf dem Jakobsweg unterwegs. Ich staune immer wieder über die vielen jungen Menschen, die diesen Weg laufen. Wir fünf „Alten" lauschen der Musik, genießen die kühlen Getränke und die Abendsonne. Wir haben uns viel zu erzählen.

Gegen 20.00 Uhr schlendern wir ins „Casa Manolo", ein ehemaliges Kloster. Der große Speisesaal ist fast leer. Einen Menschen kann man aber nicht übersehen und das ist Norbert aus Hamburg. Er grinst und winkt uns zu. Bevor Norbert an unseren Tisch kommt, lassen wir uns aber erst einmal unser vorzügliches Menü schmecken; na und der Wein ist, wie immer, sehr süffig und gut.

Norbert ist ein lustiger Typ von der Waterkant. Wir haben viel Spaß miteinander.

Zum Absacker gehen wir alle noch ins Cafe „Botafumeiro". An den Wänden dieser kleinen, gemütlichen Bar entdecke ich viele Münzen, die in den Ritzen stecken.

Gegen Mitternacht verlassen wir die Bar und verabschieden uns von Norbert. Er beendet hier seine Reise auf dem Jakobsweg.

44. Tag

Santiago de Compostela - Negreira

Heute morgen erwache ich und stöhne leise vor mich hin. Ich kann meinen Kopf nicht drehen.

`Na, das kann ja heiter werden´, denke ich.

Aber es hilft nichts. Wir laufen heute weiter. Vorsichtig packe ich meinen Rucksack. Jörg hilft mir beim Aufsetzen. Er ist sehr fürsorglich. Es tut mir mal gut, betuttelt zu werden. Frank ist auch startbereit und wir laufen ins Hotel „Casa Manolo" zum Frühstück.

Das Büfett ist vom Allerfeinsten. Es gibt reichlich Obst, verschiedene Sorten Wurst, Käse, dunkles und helles Brot, Toastbrot, Brötchen, kühle Getränke und natürlich Kaffee. So ein reichhaltiges Frühstück haben wir seit unserem Start in Saint-Jean-Pied-de-Port nicht mehr bekommen. Und das alles nur für 5 Euro. Ich lange tüchtig zu, merke aber nach kurzer Zeit, dass meine Augen größer waren als mein Magen.

Gesättigt verlassen wir das Hotel. Draußen warten Inger und Kirsten. Bei unserer Begrüßung stöhne ich leise auf. Jede Kopfbewegung bereitet mir Schmerzen. Kirsten und Inger bieten mir eine Massage an, die ich natürlich gern annehmen würde, wenn wir nicht den langen Weg vor uns hätten. Jörg und Frank zerschlagen meine Bedenken.

„Wir kommen auch am Ziel an, wenn wir später loslaufen. Los, Mutti, lass dich massieren! Wir warten auf dich!", sagt Jörg.

Meine beiden Freundinnen nehmen mich mit ins Hotel „Casa Manolo". Hier nächtigen sie in einer originalgetreuen Klosterzelle. Ein einfacher Raum. Zwei Betten, ein Schrank, ein kleines Rundbogenfenster, die Wände unverputzt. In diesem einfach eingerichteten Zimmer werde ich von meinen Schmerzen fast geheilt.

Ich liege auf dem Bett, schließe die Augen und spüre die leichte Druckmassage an meinen Füssen. Inger legt die Hände an Kopf und Stirn und massiert ganz leicht. Und plötzlich werden meine Arme schwer wie Blei. Ich will schon in Panik ausbrechen und dagegen ankämpfen, aber durch Ingers Berührungen an meiner Stirn entspanne ich mich nach und nach und falle in einen leichten Trancezustand.

Von weit her höre ich meinen Namen und komme langsam wieder zu mir. Im ersten Moment weiß ich nicht, wo ich bin. Meine Arme sind wieder ganz leicht und ich fühle mich irgendwie wohl und gelöst.

Ich schaue Inger und Kirsten sprachlos an und frage sie:

„Was habt ihr mit mir gemacht?"

Beide lächeln nur und ich fühle mich gut. Die Schmerzen sind zwar noch nicht ganz weg, aber ich kann meinen Kopf schon etwas besser bewegen.

„Morgen ist alles vergessen", sagt Inger. Ich umarme beide und bedanke mich. Dann verlassen wir drei den mysteriösen Raum und gehen zu Jörg und Frank.

„Na, wie war´s?", fragt Jörg.

Ich bewege ganz vorsichtig meinen Kopf und strahle dabei. Später erzähle ich beiden von meinem Erlebnis.

Aber jetzt wird es erst mal ziemlich emotional. Wir müssen uns nämlich von Inger und Kirsten verabschieden. Beide beenden, wie viele Pilger auch, hier in Santiago de Compostela ihre Reise. Morgen fliegen sie nach Dänemark zurück. Beim Abschied kullern die Tränen. Wir versprechen uns, in Verbindung zu bleiben.

Für Jörg, Frank und mich ist die Reise noch nicht zu Ende. Wir wollen noch an das Ende der Welt, ans Kap Finisterre laufen. Wir verlassen Santiago de Compostela. Es ist ein traumhaft schöner Tag. Am Himmel ist kein Wölkchen zu sehen und die Sonne lacht.

Unser Weg führt uns über steiniges Geröll steil nach oben auf die Anhöhe „Alto do Mar de Ovellas". Es ist schon sehr warm geworden und mein ausgeglichener Laufstil ohne Pause hat mich ganz schön ins Schwitzen gebracht.

Eine kleine Trinkpause sorgt für Erholung, bevor wir eines der schönsten Dörfer auf dem Camino, Ponte Maceira, erreichen. Ich komme mir vor wie in einem englischen Film, so romantisch ist es hier. Die Häuser sind grün berankt, ein Fluss schlängelt sich durch die grüne Landschaft und die Vögel zwitschern.

In einer kleinen Bar mit Blick auf den Fluss genehmigen wir uns einen Drink. Auf einer alten Brücke überqueren wir den Fluss Tambre und verlassen das Dorf. Plötzlich, wie aus dem Nichts heraus, verdunkelt sich der Himmel. Dicke Rauchwolken verdecken die Sonne.

„Was ist das denn?", frage ich.

Und dann sehen wir, dass sich ein mächtiger Waldbrand entwickelt hat. Der dichte Qualm begleitet uns bis nach Negreira. Wir schützen uns mit Tüchern vor dem beißenden Rauch. In Negreira übernachten wir in der Herberge „Lua".

45. Tag

Negreira - Olveiroa

Am nächsten Tag ereignet sich nicht viel. Die Sonne meint es wie immer sehr gut mit uns. Wir laufen über holprige, steinige Wege immer bergauf und bergab. Wir rasten an Trinkbrunnen, um uns zu erholen. Ich mache Bekanntschaft mit einer Kuhherde. Frank und Jörg haben natürlich ihren Spaß, als sie beobachten, wie ich mich gegen die Rindviecher wehre. Frank macht sich dann wieder mal auf und davon.

Am Ortseingang von Santa Maria begrüßt mich ein freundliches Wesen aus dem Fenster eines Kuhstalls mit einem kräftigen „Muuuuh!" Ich muss lachen. So eine Begrüßung habe ich auch noch nie erlebt. Wir machen im Dorf eine kurze Pause. Jörg und ich stärken uns und stillen unseren Durst. Gegen Mittag gehen wir weiter.

Wir sind noch gar nicht weit gelaufen, da kommt uns mit ausgebreiteten Armen Paolo aus Brasilien entgegen. Mit einem strahlenden Gesicht begrüßt er uns: „I´m in love! I´m in love!"

Er ist so glücklich, als er uns von seiner Lovestory mit Celine erzählt. Paolo befindet sich auf dem Rückweg von Finisterre nach Compostela. Dort wird er sich mit Celine treffen. Wir wünschen ihm beim Abschied viel Glück. Ein lieber Freund, der mir in guter Erinnerung bleiben wird. So ist eben der Camino, man lernt Freunde kennen und man muss sie auch wieder ziehen lassen. Paolo sehen wir nie wieder. Jetzt muss ich auch an meine Freundinnen Inger und Kirsten denken. Sie sind heute schon in Dänemark.

Unser Weg führt nun auf Landstraßen und Feldwegen entlang. In einem kleinen Bach entdecke ich einen Frosch. Der Grünrock steckt seinen Kopf aus dem Wasser und schnappt nach Luft, dann verschwindet er wieder. Kurze Zeit später überqueren Jörg und ich den Fluss Xallas und erreichen Olveiroa. In einem Cafe wartet Frank auf uns.

Dann laufen wir gemeinsam bis zur Herberge „Horreo". Nach dem Einchecken sitzen wir mit anderen Pilgern im Garten, tauschen unsere Erlebnisse aus, teilen mit ihnen unsere Weinbeeren und Kirschen, es wird ein sehr interessanter Nachmittag. Ein Bummel durch das Dorf darf nicht fehlen, denn hier stehen viele der berühmten Getreidespeicher.

Den Abend verbringen wir dann in einer Bar bei einer Flasche Rotwein und einem Pilgermenü. Zurück in der Herberge, lümmeln wir in der Sofaecke und trinken noch die mitgebrachte Flasche Rosèwein aus. Mit dem Gedanken, Kap Finisterre wieder ein Stück näher gekommen zu sein, lege ich mich schlafen.

46. Tag

Olveiroa - Cee

Am nächsten Morgen sitzen wir bei Toni in der Bar und frühstücken, bevor wir in Richtung Cee aufbrechen. Die Sonne lacht schon am frühen Morgen. Sie und mein Schattenbild begleiten mich durch einen wunderschönen Hohlweg.

Im Tal rauscht der „Xallas". Manchmal ist es ganz still. Dann plötzlich zwitschern die Vögel und die Blätter der Bäume rauschen leise im Wind. Diese Momente der Stille tun mir gut.

Auf einer Mauer hat ein Pilger eine Liebeserklärung mit Steinen gelegt. In einem Herzen befindet sich ein letzter Gruß. Das ist der Jakobsweg.

In Hospital machen wir eine Trinkpause. Dann laufen wir an einer hässlichen Hochofenfabrik vorbei und gelangen anschließend wieder in eine schöne Heide- und Strauchlandschaft.

Auf unserem Weg liegt auch die kleine Kirche „Capillar da nosa Senora das Neves". Die vielen Grüße, Danksagungen, Liebeserklärungen, Hoffnungen und Wünsche auf dem Altar der Kirche zeugen davon, dass die Pilger für einen kurzen Moment andächtig hier verweilen. Auch ich danke Gott, dass ich diesen Weg bis hierher geschafft habe.

Nach einer kleinen Erholungspause geht es nun immer bergauf und bergab weiter, bis wir eine Anhöhe erreichen, von der wir einen fantastischen Blick auf den Atlantik haben.Im Hintergrund erblicken wir die Häuser von Fisterra. Andächtig und voller Glücksgefühle verharren wir drei. Wir haben es geschafft. Nur noch wenige Kilometer trennen uns vom „Ende der Welt".

In Cee wollen wir noch einmal übernachten. Jörg und ich nächtigen in der Albergue „A Casa da Fonte" und Frank leistet sich ein Hotelzimmer.

Wir verabreden uns für den Nachmittag und bummeln am Strand entlang, schauen auf's Meer hinaus, sammeln Muscheln und albern herum.

Zurück vom Strandbummel suchen wir in Cee ein Restaurant auf und essen ein vorzügliches Pilgermenü. Für morgen früh verabreden wir uns mit Frank in seinem Hotel zum Frühstück.

„Buenas noches!", ein traumhaft schöner Tag geht zu Ende.

47. Tag

Cee - Kap Finisterre

8.00 Uhr: Aufstehen, Morgentoilette, Rucksack packen. 8.30 Uhr: Treffen mit Frank zum Frühstück im Hotel.

Das Frühstück ist reichhaltig und schmeckt. Danach rüsten Jörg und ich uns zum Abmarsch. Frank muss sich noch auschecken, wir werden uns später wiedertreffen.

Der Weg durch die Stadt bringt uns auf einen steilen Hohlweg. Es ist schon wieder sehr warm und ich komme gleich am frühen Morgen ins Schwitzen. Bis zur nächsten Anhöhe laufen wir immer bergauf und bergab. Dann erblicke ich zum zweiten Mal den Atlantik und im Hintergrund den Leuchtturm von Kap Finisterre. Ich kann es immer noch nicht fassen: Ich bin am Ende der Welt angekommen!

Über Waldwege erreichen wir den Strand von Fisterra. Jörg stürzt sich gleich in die kühlen Fluten. Ich traue mich nur bis zu den Knien ins Wasser. Es ist ein wohliges und erfrischendes Gefühl.

Inzwischen ist Frank auch am Atlantik angekommen. Gemeinsam laufen wir nach Fisterra, kehren in einer Bar ein und laben uns an den kühlen Getränken. Wir sind glücklich und strahlen über das ganze Gesicht.

Der nächste Weg führt uns ins Pilgerbüro. Dort erhalten wir unsere zweite „compostela". Stolz nehme ich sie in Empfang.

Im Reiseführer haben wir drei uns das Hotel „Arcos" ausgesucht. Es bietet ein Doppelzimmer für 25 Euro an. Frank bekommt ein Einzelzimmer.

Gegen 21.00 Uhr begeben wir uns dann auf den Weg zum Kap. Auf dem ca. 4 Kilometer langen Weg kommen wir an der romanischen Kirche „Santa Maria das Áreas" vorbei.

Am Kilometerstein „0,00" lasse ich mich verewigen. Das Kreuz des Todes und der steinerne Pilger bieten auch super Fotomotive.

Hand in Hand erreichen wir drei das Kap Finisterre. Als Krönung des Tages bekommen wir hier auch noch einen Stempel in unseren Pilgerpass, der uns bestätigt, am „Ende der Welt" angekommen zu sein.

In den Klippen des Kaps haben sich viele Pilger versammelt. Alle wollen unterhalb des Leuchtturmes den Sonnenuntergang erleben. Wir suchen uns ein stilles Plätzchen im Gras und warten auf das Schauspiel der im Meer versinkenden Sonne. Gegen halb elf geht der glühende Sonnenball bilderbuchmäßig im Meer unter.

Als die letzte Sonnensichel am Horizont erlischt und nur noch der blasse Abendhimmel über dem Ozean liegt, entflammen überall in den Felsen kleine Feuer. Es ist Brauch, dass die Pilger nach der langen Pilgerreise ein zerschlissenes Kleidungsstück, Schuhe, Socken oder etwas anderes nicht mehr brauchbares verbrennen. Es bedeutet auch, dass hier die Pilgerreise zu Ende ist.

Unser kleines Feuer füttern wir mit einem T-Shirt von Jörg und meinen durchlöcherten Socken. Frank trennt sich von seiner liebgewonnenen Schirmmütze. Es ist wieder so ein emotionaler Moment, den wir drei schon oft auf dem Jakobsweg erlebt haben.
Wir schauen in die Flammen, trinken unseren Wein und jeder ist mit seinen Gedanken allein. Gegen Mitternacht erlöscht das Feuer und wir begeben uns auf den Rückweg.
Durchgefroren aber glücklich kommen wir im Hotel an. Ich kuschele mich schnell in die Kissen und schlafe bald ein.

48. Tag

Fisterra

Am nächsten Morgen. Ich wache auf. Die Sonne strahlt schon am Firmament.

Beim Frühstück beschließen wir drei, den Tag bei diesem Superwetter am Atlantik zu verbringen. Wir schnappen unsere „Badesachen" und laufen zum Strand. Jörg unternimmt eine große Strandwanderung und Frank sucht eine Bucht auf, die er gestern entdeckte. Ich setze mich in den warmen Sand und schaue auf das Meer hinaus. Wasser und Himmel laufen zu einer fernen Endlosigkeit zusammen.

Ich träume vor mich hin. Außer ein paar spielenden spanischen Kindern ist niemand am Strand. Ich genieße die Sonne, lausche dem Rauschen der Wellen und bin glücklich und zufrieden. Am späten Nachmittag tauchen dann „meine" Männer wieder auf. Alle drei haben wir uns einen schönen Sonnenbrand geholt.

Den Abend verbringen wir am Hafen. Auf dem Weg dorthin entdecken wir in einer kleinen Bar Josef aus Berlin. Er hat es auch bis zum „Ende der Welt" geschafft und bleibt noch einen Tag länger hier.

In einer kleinen Bar lassen wir uns nieder und bestellen ein Pilgermenü. Gedankenverloren betrachte ich das emsige Treiben am Hafen. Und dann traue ich meinen Augen nicht: Ist das eine Fata Morgana oder kommt da tatsächlich Lucas über den Platz gefegt?

„Hi, Leute!", begrüßt er uns freudig und strahlt über das ganze Gesicht.

Lucas ist der Junge, der mit Nick und David, seinen beiden Betreuern, schon einige Wochen auf dem Jakobsweg unterwegs ist. Er hat in seinem jungen Leben schon etliche schlimme Erfahrungen machen müssen. Er ist ein sehr lebhafter Junge und dieser Weg soll ihm zeigen, dass es auch schöne und glückliche Momente im Leben gibt. Ich wünsche mir sehr, dass er ruhiger, glücklicher und gereifter in die Heimat zurückkehrt.

Jetzt aber erzählt er uns ganz aufgeregt von den vielen Seesternen, die er im Meer entdeckt hat.

„Ihr müsst unbedingt mitkommen! Ich zeige euch die Seesterne!", bittet er uns.

Jörg fragt Nick, ob wir mit Lucas ans Meer gehen können. Nick ist einverstanden, aber wir müssen spätestens gegen 22.00 Uhr zurück sein.

Lucas ist glücklich. Aufgeregt steigt er mit Jörg in die Klippen. Ich warte an der Mole. Nach geraumer Zeit tauchen beide wieder auf. Lucas erzählt mir mit Begeisterung von den Seesternen.

David und Nick warten schon auf uns. Wir verabschieden uns und wünschen David, Nick und Lucas noch viele schöne und interessante Erlebnisse auf dem weiteren Weg.

Ein langer Tag geht zu Ende. Mal sehen, was uns der Morgige bringt. Wir haben uns entschlossen, noch nach Muxia zu laufen. Das sind noch einmal ca. 30 Kilometer.

In der Nacht wache ich durch ein „Tropf, Tropf, Tropf!" auf. Es regnet. Schnell springe ich aus dem Bett und hole unsere Wanderschuhe vom Fensterbrett, die zum Lüften dort standen. Nasse Schuhe können wir nicht gebrauchen. Immerhin sind wir die kommenden zwei Tage noch unterwegs.

49. Tag

Finisterra - Lieres

Heute morgen, beim Frühstück, besprechen wir den weiteren Weg. Erst einmal wollen wir bis Lieres laufen und dort übernachten. Jörg und Frank studieren unseren schlauen Führer und als alles klar ist, rüsten wir uns zum Weitermarsch.

„Adios, Kap Finisterre!"

Das Wetter ist schön. Wir laufen ein Stück am Atlantik entlang und entscheiden uns dann für den Küstenweg, der etliche Kilometer auf der Landstraße entlangführt. Später vereinen sich Land- und Küstenweg wieder zu einem. Im Wald leuchten die Blätter und Nadeln der Bäume durch den Regen in der Nacht in einem kräftigen Grün.

In Lieres angekommen, erwarten uns volle Zitronenbäume und ein bunter Blumenflor in den Gärten. In der Pension „As Eiras", die direkt am Jakobsweg liegt, bekommen wir ein Doppel- und ein Einzelzimmer.

Den Nachmittag nutzen wir zu einem Spaziergang an den Strand. Es ist Ebbe und um ins Wasser zu kommen, muss man kilometerweit laufen. Jörg wagt sich weit hinaus und zeichnet ein Riesenherz in den Sand. Dann kommt die Flut zurück und er muss sich sputen, um rechtzeitig an den Strand zurück zu kommen.

Ich beobachte sein Treiben und muss schmunzeln. Er hat es rechtzeitig geschafft und die Flut hat bereits sein großes Herz überschwemmt. Am Strand entsteht dann noch ein Herz.

Die kleine Bar oberhalb der Badebucht erreichen wir über eine Treppe, die mit duftenden Blumen und grünen Pflanzen eingerahmt ist. Ich bestelle mir einen Kaffee mit Anis. Das ist etwas Neues für mich und ich muss es probieren. Der Kaffee hat einen etwas herben, aber auch süßlichen Geschmack, und er schmeckt mir. Die Männer bleiben bei einem kühlen Bier.

Zurück in der Pension essen wir eine Kleinigkeit. Im Fernsehzimmer lümmeln wir drei anschließend in der Sofaecke und lassen den Abend bei einer Flasche Wein ausklingen. Morgen beginnt ein neuer Tag.

50. Tag

Lieres - Muxia

Ich habe gut geschlafen, bin ausgeruht und bereit, das letzte Stück unseres langen Weges zu gehen.

Am Ende des Dorfes kommen wir an die berühmte „gefährliche" Stelle des Jakobsweges. Es ist ein breiter Bach, den man vor einigen Jahren nur über glitschige Steine überqueren konnte. Wenn diese überflutet waren, konnte es schon gefährlich werden. Dann mussten die Pilger Wanderschuhe und Socken ausziehen und barfuß über den glitschigen Laufsteg balancieren. Wer dann abrutschte, landete mit Sack und Pack im Wasser. Heute steht eine nicht in die Landschaft passende Steinbrücke neben den alten Steinquadern.

Bis nach Muxia pilgern wir bergauf und bergab durch blühende Heidelandschaften und grüne Wälder am Rande des Atlantiks entlang. Und schon bald haben wir auch einen berauschenden Ausblick auf Muxia.

Ein letztes Mal entscheiden wir uns für eine Albergue, in der man selbst kochen kann. In einem Raum mit 20 Betten beginnt ein letztes Mal unser tägliches Ritual: Betten in Beschlag nehmen, Rucksack im Spind verstauen und duschen gehen.

Es ist noch früher Nachmittag. Die Sonne schickt ihre wärmenden Strahlen herunter. Wir sind erholt und gut gelaunt und beschließen, zur berühmten Kirche „Sanctuarium de Barca" zu laufen. Sie steht auf den Klippen am Atlantik. Wir brechen auf und entdecken einen weißen Pfeil.

„Das muss der Weg zu den Klippen sein", sage ich.

Der Weg führt an einem Glockenturm vorbei und wird eng und steinig. Auf allen Vieren kraxle ich den schroffen Felsen hinauf. Oben angekommen, stockt mir der Atem. Robuste Felsen und türkisblaues Meer. Dort, wo der Wind und die Strömung die Wellen gegen die Klippen wirft, branden sie weiß schäumend meterhoch empor. Jetzt wird mir klar, warum die Kirche hier oben auf den Felsen den Seefahrern und Fischern gewidmet ist. Im Geiste sehe ich, wie diese Menschen mit der Gewalt des Meeres kämpften und viele das sichere Ufer nicht erreichten. Im Volksmund spricht man von der „Küste des Todes".

Noch eine Legende erfahren wir von den Einheimischen. Sie erzählt, dass der heilige Jakobus auch in Muxia missionierte. Dort verließ ihn aber der Mut, weil er glaubte, mit seiner Mission bei den Menschen nichts erreicht zu haben. Daraufhin erschien ihm die Jungfrau Maria in einem steinernen Schiff und sprach ihm Zuversicht zu. Sie verschwand wieder in den Fluten und geblieben ist das versteinerte Segel.

170

Auf dem Weg in die Albergue zurück kommen wir ein zweites Mal am Kilometerstein „0,00" vorbei. Wir haben es ein zweites Mal bis an das Ende der Welt geschafft.

Unterwegs besorgen wir uns im Supermarkt, wie kann es anders sein, Nudeln, Zucchini, Paprika, Tomatensauce, Wein und Saft.

Voll bepackt kommen wir in der Albergue an und nehmen gleich die Küche in Beschlag. Frank hilft mir beim Zubereiten des Essens und Jörg deckt auf der Terrasse den Tisch. Nun nur noch die Weinflasche entkorken und dann lassen wir es uns munden.

Später sitzen wir draußen auf der Terrasse, trinken Rotwein und warten auf den Sonnenuntergang. Gegen 22.00 Uhr erleben wir das Schauspiel des glühenden Sonnenballs am Horizont. Es ist immer wieder ein erregendes Erlebnis.

Der Tag war anstrengend aber voller schöner Eindrücke. Ich bin müde. Ich krieche in meinen Schlafsack und lasse den Tag noch einmal Revue passieren. Inzwischen sind Jörg und Frank auch in ihren „Kojen" verschwunden. Ein leises Schnarchen beginnt. Ich versuche es zu ignorieren und schlafe ein.

51. Tag

Muxia

Der zweite Tag in Muxia. Aus der öffentlichen Herberge müssen wir raus. Wir wollen noch einen Tag in dem romantischen Ort bleiben. Also müssen wir eine neue Bleibe finden.

In einer Bar frühstücken wir und hören uns um. Die Wirtin vermittelt uns an eine Frau, die Zimmer vermietet. Für 25 Euro pro Person gehört uns für einen Tag die ganze Wohnungsetage, bestehend aus zwei Schlafzimmern, einer komplett ausgestatteten Küche, einem großen Bad und einem Wohnzimmer. Wir richten uns ein und wissen nicht so recht, wie wir den Rest des Tages verbringen sollen, denn das Wetter ist heute sehr wechselhaft. Mal lacht die Sonne und dann ziehen wieder dunkle Wolken am Himmel entlang.

Deshalb schlendern wir erst einmal zur Promenade. Die Männer holen sich ein kühles Bier und ich steige hinunter ins kühle Wasser um Muscheln zu suchen. Ich finde auch prachtvolle Exemplare.

Inzwischen hat sich die Sonne doch durchgesetzt und es wird warm. Frank verzieht sich zur Siesta in unsere Unterkunft. Wir verabreden uns für 17.00 Uhr am Supermarkt.

Jörg und ich halten unsere Siesta auf Sonnenbänken, die am Wasser stehen. Später laufen wir beide noch auf der Mole entlang und schauen auf den Atlantik. Kleine Fischerboote schaukeln auf den Wellen. Es ist alles so friedlich und still.

Am Supermarkt treffen wir uns dann mit Frank zur verabredeten Zeit. Heute wollen wir mal deutsch kochen. Der Einkaufswagen füllt sich mit Kartoffeln, Möhren, drei Kasslersteaks, Champignons, Wein und Saft.

Voll bepackt geht's zurück in „unsere Wohnung". In der Küche beginnt nun ein emsiges Treiben. Frank schält Möhren und Kartoffeln, Jörg bringt den Elektroherd in Gang und ich passe auf, dass unser Braten nicht anbrennt und die Champignons gut durchbraten. In der Küche duftet es und mir läuft das Wasser im Mund zusammen. Der Tisch ist gedeckt und wir drei lassen uns das leckere Essen schmecken.

Mit einer Flasche Rotwein unter dem Arm, laufen wir drei nach dem Essen dann noch einmal zum Leuchtturm. Ich bin überwältigt von der Kraft der Wellen, die meterhoch an die Felsen donnern. Ein Platz am Leuchtturm gibt mir vor dem kalten Wind Schutz.

Ich beobachte Jörg, der sich ganz weit vor ans Meer wagt. Im Stillen denke ich: `Na, mein Lieber, wenn dich da mal nicht eine Welle erwischt!´ Und da passiert es auch schon. Jörg springt schnell zurück, aber das hilft nichts. Wie ein nasser Pudel trottet er herbei und ich habe einen Heiden-spaß bei seinem Anblick.

Da es etwas kühl geworden ist, suchen wir drei uns zwischen den Felsen einen geschützten Platz und stoßen auf unsere erfolgreiche Reise auf dem Weg der Sterne an. Wir nehmen auch Abschied vom Atlantik. Ich träume davon, irgendwann wieder mal in Spanien unterwegs zu sein und auch den Atlantik wiederzusehen. Es ist richtig kalt geworden und es fängt zu nie-seln an.

Wir verlassen also die Klippen mit einem lachenden und weinenden Auge.

Es ist 22.00 Uhr und wir erleben wider Erwarten doch noch einen wun-derschönen Sonnenuntergang.

Morgen geht es zurück nach Santiago de Compostela.

52. Tag

Muxia - Santiago de Compostela

Ich wache ausgeruht auf. Nach meiner Morgentoilette bereite ich für uns das Frühstück. Ich brate Rührei mit Schinken, dazu gibt es frisches Brot, Kaffee und Tee. Wir frühstücken gemeinsam, räumen die Küche auf und verlassen „unsere Wohnung".

Bis zur Abfahrt um halb drei haben wir noch etwas Zeit. Jörg und ich bummeln über den kleinen Wochenmarkt. Hier herrscht ein emsiges Treiben. Die Händler bieten lautstark ihre Waren an.

Ich lasse es mir nicht nehmen und laufe noch ein Stück am Atlantik entlang. Ich nehme Abschied vom Meer, dass sich am Horizont mit dem Himmel vereint.

Auf der Fahrt zurück nach Santiago de Compostela erlebe ich die schöne Landschaft mit ihren grünen Wäldern, den bunten Wiesen, den kleinen hübschen Dörfern, die bizarre Bergwelt und den grün schimmernden Atlantik aus einer ganz anderen Sicht. Ich denke an die vergangenen acht Wochen, an die vielen schönen, erlebnisreichen und emotionalen Momente, und mir wird bewusst: die Reise ist zu Ende!

In Santiago de Compostela angekommen, laufen wir zur Unterkunft „San Roque". Die Wirtin ist sehr erfreut uns wiederzusehen.

Nachdem wir uns etwas erfrischt haben, besuchen wir noch einmal die Messe in der Kathedrale. Hunderte von Pilgern sitzen wieder in dem gewaltigen Gotteshaus. Wir haben noch einmal das große Glück, am Ende der Messe den Botafumeiro, das Schwenken des Weihrauchkessels, zu erleben. In diesem Moment denke ich an die schöne Zeit mit Kirsten und Inger. Gerührt und ergriffen verlasse ich mit Jörg und Frank die Kathedrale.

Gegenüber in der Rathauspassage geht es lustig zu. Hier spielen spanische Musikanten ihre temperamentvollen Weisen. Da bleibt keiner ruhig stehen. Die Beine bewegen sich von ganz allein.

Plötzlich, wie aus dem Nichts, steht Gabriele vor mir. Sie lernte ich ja ziemlich am Anfang unserer Reise in Calzadilla de los Hermanillos in der alten Dorfschule kennen. Sie war verzweifelt und traurig. Das wir uns hier vor der Kathedrale wiedertreffen, grenzt an ein Wunder.

Gabriele stellt uns ihren Mann vor. Er kam nach Santiago und beide wollen den Weg bis zum Kap Finisterre nun gemeinsam gehen. Gabriele sieht glücklich aus. Der Jakobsweg hat sie aus ihrer Traurigkeit geholt. Aufgeregt erzählen wir von den letzten Tagen, tauschen unsere Email-Adressen aus und nehmen wieder einmal Abschied. Ich wünsche Gabriele und ihrem Mann einen guten Weg und ein herzliches „Buen camino!".

Wir bummeln weiter durch die Stadt und sammeln letzte Eindrücke dieser wundervollen Metropole.

Am Abend verabschieden wir uns auch von Frank. Er bleibt noch einen Tag länger in Santiago de Compostela.

Nach ca. 1000 Kilometern Pilgerreise werden Jörg und ich morgen in Frankfurt am Main landen und mit dem Zug weiter nach Berlin fahren.

Ich muss an meinen Sohn denken, der mir am Anfang unserer Reise sagte, dass ich als die Frau zurückkehren würde, die ich einmal war; er hat recht behalten.

Meine Pilgerreise nach Santiago de Compostela war eine wundervolle Erfahrung. Ob es nun der lange Weg bis ans Kap Finisterre war, der bewältigt werden musste, oder die Erlebnisse in der Gemeinschaft der Pilger, oder die so lebendigen und emotionalen, menschlichen Begegnungen, letztendlich trug alles zum Reichtum meiner Seele bei. Diese Reise wird für mich unvergesslich bleiben und lange in mir weiterleben.

Für Anregungen, Meinungen und Kritik bin ich dankbar.

christel.huebsch@web.de

Ich wünsche allen LeserInnen ein herzliches

„Buen camino!",

denn der Jakobsweg ist,
Tag für Tag und Schritt für Schritt,
unser alltägliches Leben.